Über dieses Buch

Diese Frau hat ohne Zweifel mehr erlebt als die meisten ihrer Zeitgenossen. 1973 feierte sie ihren 90. Geburtstag, keineswegs verstrickt in Erinnerungen, sondern präsent, dem Tag zugewandt. Fast jedes Mitglied der Familie Mann hat geschrieben oder schreibt. Sie weigert sich, es zu tun. Deshalb hat sie ihre Memoiren, die hier vorgelegt werden, nicht selbst geschrieben; sie hat sie erzählt, den Fragen Elisabeth Plessens und ihres Sohnes Michael antwortend; erzählt freilich in einem Ton, der unverkennbar und unverwechselbar ist.

Katia Mann wurde 1883 in München geboren, als Tochter Alfred Pringsheims, der Ordinarius für Mathematik an der Universität in München war. Sie heiratete am 11. Februar 1905 Thomas Mann. Ihre Kinder: Erika, Klaus, Monika, Golo, Michael, Elisabeth. Ein großer Teil des Briefwechsels zwischen ihr und Thomas ging im Dritten Reich verloren. Katia Mann lebt seit 1954 in Kilchberg am Zürichsee.

Katia Mann

Meine ungeschriebenen Memoiren

Herausgegeben
von Elisabeth Plessen
und Michael Mann

Mit zahlreichen Fotos

FISCHER TASCHENBUCH VERLAG

Fischer Taschenbuch Verlag
1.–30. Tausend: September 1976
31.–45. Tausend: Mai 1977
Ungekürzte Ausgabe
Umschlagentwurf: Jan Buchholz/Reni Hinsch
unter Verwendung des Kinderportraits von Franz von Lenbach
(photographiert von Jakob Bräm, Conzett & Huber)
Fischer Taschenbuch Verlag GmbH, Frankfurt am Main
Lizenzausgabe mit freundlicher Genehmigung des
S. Fischer Verlages GmbH, Frankfurt am Main

Druck u. Bindung: Augsburger Druck- und Verlagshaus GmbH.
Printed in Germany
1750-480-ISBN-3-436-02318-3

Dem diesem Bändchen vorangeschickten »Motto« gibt es, seitens der Herausgeber, kaum noch etwas hinzuzufügen. Nur davon, wie diese ungeschriebenen Memoiren schließlich doch noch zur schriftlichen Mitteilung gelangten, soll die Rede sein.

Von selbst versteht es sich dabei, daß verschiedene Versuche, der Erzählerin in Form von *Interviews* ihre Lebensgeschichte zu entlocken, gescheitert waren, ehe es Elisabeth Plessen gelang, die Widerstände Frau Katia Manns zu überwinden. Einmal in Fluß geraten, gedieh die Erzählung in wenigen, allerdings mehrstündigen Sitzungen. Zum Teil wurden daraus Fernsehsendungen, zum anderen Teil wurden die zerstreuten Mitteilungen in eine chronologische Erzählung umgegossen. Das geschah schon vor einigen Jahren. Dann blieb, gemäß der Einstellung der Erzählerin, die Sache halbausgearbeitet liegen. Anläßlich des 90. Geburtstags, im Sommer 1973, kam das Manuskript wieder in die Hände des Sohnes. In traulichem Beisammensein mit der Mutter, im Engadin, wurde die Erzählung einer weiteren Bearbeitung unterzogen. Mit täglich neuer Erfindungsgabe mußte die Erzählerin dazu bewegt werden, sich des Manuskripts anzunehmen: während der Teestunde etwa, auf der Terrasse, irgendeine spezifische Frage, irgendeine Textstelle betreffend, beflissenes Herbeischaffen von Brille und Bleistift – und das Spiel war gewonnen. Dann saß die Autorin oft bis zum Abendessen über den Blättern, kopfschüttelnd, von Brille und Bleistift eifrig Gebrauch machend; und nicht selten mit der abschließenden Bemerkung, daß das doch eine recht amüsante Erzählung sei.

Der Leser, hoffen wir, pflichtet dem bei.

Die Herausgeber. 1974

Ich habe tatsächlich mein ganzes, allzu langes Leben immer im strikt Privaten gehalten. Nie bin ich hervorgetreten, ich fand, das ziemte sich nicht.
Ich sollte immer meine Erinnerungen schreiben. Dazu sage ich: in dieser Familie muß es einen Menschen geben, der nicht schreibt.
Daß ich mich jetzt auf dieses Interview einlasse, ist ausschließlich meiner Schwäche und Gutmütigkeit zuzuschreiben. 1970

I

Mein Vater war Professor der Mathematik an der Universität in München, und meine Mutter war eine sehr schöne Frau. Ich bin eigentlich ein ganz unerwartetes Anhängsel gewesen. Meine Eltern waren mit meinen drei älteren Brüdern zur Sommerfrische am Starnberger See. Da hatten sie ein kleines Haus gemietet in Feldafing. Mein Vater fuhr zwei-, dreimal die Woche nach München in sein Kolleg, er war Privatdozent, und dann kam er zurück.

Meine Mutter erwartete das vierte Kind, und als es dann kam, auch noch zu früh, waren es zwei, mein Zwillingsbruder und, ganz unerwartet, ich. Niemand war da außer der Bauersfrau, und es gab ja kein Telefon. Da sagte sie: Jessas! Es kommt noch eins! Das war dann ich.

Als mein Vater an dem Tag nach Hause kam, wurde er von der Bauersfrau aufgeregt empfangen: Herr Doktor! Herr Doktor! Zwillinge san ankommen! Ihn rührte fast der Schlag.

Das war der Anfang, und dann wuchs ich auf. Zunächst stand mir natürlich mein Zwillingsbruder Klaus sehr nah, weil wir alles immer gemeinsam machten. Den Privatunterricht, die ersten drei Jahre, hatten wir zu Hause. Ich weiß nicht, warum. Ich war vielleicht ein bissel zart, und wir sollten nicht in die Schule gehen. Sonst ging man ja in die Volksschule. Da kam jeden Tag für eine Stunde ein Lehrer, ein Herr Schülein. Bei ihm lernten mein Zwillingsbruder und ich den ganzen Primarunterricht bis zum neunten Jahr. Dann machte

Klaus die Aufnahmeprüfung ins Gymnasium, und ich war allein. Es war eine Idee meiner Mutter oder auch meiner Großmutter, der Mutter meiner Mutter, Hedwig Dohm, die ja bekanntlich Frauenrechtlerin war, daß ich das Gymnasium machen sollte. Es gab damals kein Mädchengymnasium in München und natürlich keine gemischten Schulen wie heute; infolgedessen hatte ich Privatunterricht bei verschiedenen Gymnasialprofessoren, die sich ablösten. Die ersten Jahre bis zur Tertia hat mich noch ein Student, der ins Haus kam, um meine vier Brüder bei ihren Aufgaben zu beaufsichtigen, in den Fächern, die man bis zur Unter- oder Obertertia nimmt, unterrichtet; und das war eine Kleinigkeit. Von da ab hatte ich dann Gymnasiallehrer. Jeder kam die Woche vielleicht zwei Stunden; einer für die alten Sprachen, einer für Mathematik und einer für Deutsch und Geschichte. Das Ganze war ja furchtbar leicht, und ich lernte nicht schwer. Es ging sehr schnell. Wenn man allein ist, lernt man viel schneller. In der Schule muß man sich immer nach dem Durchschnitt oder dem Unterdurchschnitt richten, und ich gehörte zum oberen Durchschnitt. Im letzten Jahre hatte ich dann noch Unterricht bei einem Religionsprofessor des Gymnasiums, einem Dr. Engelhardt. Mit dem las ich das Neue Testament auf Griechisch. Religion war ja Pflichtfach am Gymnasium.
Ich kann mich erinnern, daß wir einmal zu der Geschichte kamen, wie Jesus die Samariterin trifft und zu ihr sagt: Fünf Männer hast du gehabt, und der, mit dem du jetzt lebst, ist nicht dein Mann. Da wurde der Lehrer etwas verlegen und er kommentierte: Das findet man so in der Vorstadt.

So ging es bis zu meinem siebzehnten Jahr. Dann machte ich gemeinsam mit dem Zwillingsbruder als Externe das Abitur am Wilhelms-Gymnasium. Es verlief glänzend. Nun sollte ich auch etwas studieren. Ich ging auf die Universität und hörte vor allem Naturwissenschaften. Bei Röntgen Experimentalphysik und bei meinem Vater Mathematik: Infinitesimal-, Integral- und Differentialrechnung und Funktionstheorie. Aber ich bin noch immer der Meinung, daß ich für diese Fächer keine besondere Veranlagung hatte.

Einer meiner Brüder, Peter, der zweitälteste, studierte auch Physik. Er ist ein sehr guter Physiker geworden. Ich war gar nicht dafür prädestiniert, und Röntgen hielt auch gar nichts von mir. Beim Experimentieren passierte mir einmal etwas sehr Mißliches. Ich warf einen Apparat hin. Das hat Röntgen mir sehr übelgenommen. Ich hätte es wahrscheinlich in diesem Fach nie zu etwas gebracht, und auch für Mathematik fand ich mich gar nicht sehr begabt. Ich hätte es auch da nicht sehr weit gebracht. Es war eigentlich mehr so töchterliche Anhänglichkeit. Ich hab's auch alles vergessen.

Vielleicht hätte ich zu Ende studiert und auch Examina gemacht. Ich hatte ja erst vier oder sechs Semester studiert, als ich heiratete, und wie ich dann verheiratet war, kam bald das erste Baby, und dann sofort das zweite Baby, und sehr bald kam dann das dritte und vierte. Da war's aus mit dem Studium.

Meine Eltern machten, wie man sagt, ein ziemliches Haus. Sie hatten ein ganz angesehenes und vielfältig besuchtes Haus und gaben große Gesellschaften. Durch den Beruf meines Vaters und seine persönlichen Neigungen war es ein wissenschaftliches Haus mit musikalischen Interessen. Zur Literatur hatte er kein sehr lebhaftes Verhältnis, im Gegensatz zu meiner Mutter. Es kamen sehr viele Leute in die Arcisstraße, auch Literaten, besonders aber Musiker und Maler. Richard Strauss kam zu uns und Schillings, es kamen Fritz August Kaulbach, Lenbach, Stuck und viele andere aus Münchens gesellschaftlich-künstlerischen Kreisen.

Mein Vater war ein begeisterter Früh-Wagnerianer und hatte auch seine Eltern veranlaßt, Anteilscheine, Patronatsscheine nannte man sie, für den Bau des Theaters in Bayreuth zu nehmen. Er kannte Wagner persönlich und besaß einen oder zwei Briefe von ihm, die seine Heiligtümer waren. 1876 bei den Proben für den »Ring« war er in Bayreuth, aber er hat nie intim in Wahnfried verkehrt. Weil er sich einmal Wagners wegen in Bayreuth duellierte, hatte er sich seine persönliche Beziehung zu Wahnfried verscherzt. Es hatte sich in einem Restaurant irgend jemand in seiner Nähe abschätzig über Wagner geäußert, und da mein Vater sehr jähzornig war, schlug er diesem Mann mit seinem Bierglas auf den Kopf und wurde darauf der »Schoppenhauer« genannt. Der andere forderte ihn, es kam zu einem Pistolenduell, welches aber unblutig verlief. Nun, in Wahnfried haben sie sich darüber furchtbar geärgert. Das wollten sie nicht; sie wollten keinen Skandal. Aber mein Vater blieb zeit seines Lebens ein leidenschaftlicher Wagnerianer und hat eine Menge Sachen für Klavier, auch zu vier Händen, gesetzt. Diese Arrangements wurden dann bei uns zu Hause gespielt. Bei uns wurde sehr viel und sehr oft Hausmusik gemacht. Wir hatten einen sehr hübschen Musiksaal. Es kamen oft

erste Sänger von der Oper. Da gab es eine hervorragende Wagnersängerin, die Primadonna, sie nannte sich Ternina, und mein Vater verehrte sie über alle Maßen. Die sang an den musikalischen Abenden.
Mit elf Jahren war ich zum erstenmal in den »Meistersingern«, und alle dachten: Ach, da wird das Kind ja einschlafen. Dabei war ich betrübt, als es aus war. Ich bin eigentlich ganz mit der Wagnerischen Musik aufgewachsen, mit der Idee, daß sie das Herrlichste sei.
München war damals eine Kunststadt; weniger eine literarische Stadt, die Schriftsteller zählten nicht so viel. So wurde mein Mann, wenn er in ein Geschäft ging, immer »Herr Kunstmaler« genannt. Daß ich ein frühes Training im Umgang mit Schriftstellern hatte, kann ich eigentlich nicht sagen. Ich kannte natürlich diverse Schriftsteller schon als Kind. Es hat mir aber keinen großen Eindruck gemacht.
Der erste Schriftsteller, den ich gekannt habe, war meine Großmutter Hedwig Dohm, die Frau von Ernst Dohm, der den »Kladderadatsch« gegründet hat. Sie schrieb Romane, die heute wahrscheinlich nicht sehr aktuell wären. Wie früh ich etwas von ihr las, könnte ich überhaupt nicht sagen. Ein Buch von ihr hieß »Der Frauen Natur und Recht«. Sie war eine leidenschaftliche Vorkämpferin für Frauen, die damals wirklich noch gar nicht sehr viele Rechte hatten. (Wie gesagt, es gab nicht einmal Gymnasien für Mädchen.) Unter ihren vielen Romanen hatte sie ein Buch geschrieben, das einen großen Skandal in München erregte. Es hieß »Sibilla Dalmar«. Meine Großmutter liebte ihre älteste und begabteste und schönste Tochter, meine Mutter, heiß, und sie

korrespondierten miteinander, ich glaube, mindestens zwei- bis dreimal die Woche. Meine Mutter schrieb ihr lange Berichte aus München nach Berlin, und meine Großmutter bewahrte sie alle auf. In den Roman »Sibilla Dalmar« hat sie dann alles, was in den Briefen über die Münchner Gesellschaft stand, übernommen, und das hat in dieser Gesellschaft ein furchtbares Ärgernis gegeben, wirklich einen richtigen Skandal. Um so mehr, als die Figur, die meiner Mutter entsprach, ein Verhältnis mit einem baltischen Adligen hatte, das es in Wirklichkeit nicht gegeben hatte. Das war für meinen Vater besonders ärgerlich. Meine Großmutter war eine sehr naive, dabei begabte Frau. Sie hatte sich gar nichts dabei gedacht.

Sie war später eigentlich eine richtige Märchenfigur. Sie war sehr klein und wurde immer kleiner. Lenbach hat ein sehr schönes Porträt von ihr gemacht, das wir besitzen. Sie hatte einen guten Kopf, und alle Enkel hingen sehr an ihr. Wir fuhren zusammen nach Meran, mein Mann und ich und Urmiemchen. So nannten wir sie, weil meine Kinder sie Urmiemchen nannten. Urmiemchen fuhr mit, und da sagte sie: Ach, Tommy! Tommy! Komm doch bitte mal schnell in mein Coupé, denn weißt du, hier im Schlafwagen ist ja alles für Riesen eingerichtet.

Sie war eine sehr kleine, sehr putzige und in ihrer Art reizvolle, alte Dame.

Annette Kolb kannte ich lange, ehe ich Thomas Mann kannte. Ich kannte sie seit meinem zwölften Jahr. Sie verkehrte in meinem Elternhaus und schrieb damals schon. Wir standen uns immer sehr herzlich. Ich duzte mich auch mit ihr von Kindheit an. Dann verkehrte

Paul Heyse bei uns, und er wollte es gar nicht glauben, daß ich noch nie etwas von ihm gelesen hatte; er war sehr enttäuscht. Damals war ich vielleicht vierzehn. Er besuchte meine Mutter, und da sagte sie: Ich muß Ihnen doch mal meine Tochter Katia vorstellen. Und dann sagte er: Na, Sie haben doch …? Ich sagte: Ja, ich denke doch …

Er war ein sehr eitler Mensch und hatte so eine sanfte Stimme und einen weichen kleinen Vollbart und schöne blaue Augen.

Max Halbe kannte ich, Wolfskehl, die Gräfin Reventlow. Aber näher habe ich sie alle nicht gekannt.

Mein Vater war nicht so sehr dafür, daß ich einen Schriftsteller heirate. Er dachte immer: ein Schriftsteller ist doch nicht so ganz das Richtige, nicht wahr? Das ist doch eher etwas Unseriöses. Er dachte, es müßte ein junger Gelehrter, ein Universitätsprofessor sein, und ich hatte damals, neben anderen, sogar einen Bewerber, der Professor war. Meine Mutter war gleich für eine Heirat mit Thomas Mann, ihr leuchtete es sofort ein. Meinem Vater nicht in dem Maße; aber er hat die Heirat mit Thomas Mann auch nicht verhindert. Er hätte es auch gar nicht gekonnt. Gern sah er es nicht, auch deshalb: als das einzige Mädchen mit den vier Buben war ich so ein kleiner Sonnenschein, nicht? Ich sollte nicht so früh aus dem Haus. Es war ihm nicht recht, wie Väter so sind. Thomas Mann hat das auch ein bißchen in »Königliche Hoheit« geschildert. In meiner Jugend war ich, glaube ich, recht hübsch. Das Traurige ist, daß ich es gar nicht wußte. Es hat eigentlich nie jemand in meiner Familie die Freundlichkeit gehabt, es mir zu sagen. Da meine Mutter eine berühmt schöne Frau war und eine meiner beiden Großmütter, die Mutter meines Vaters, immer, wenn sie mich sah, mir nur sagte: Ach, die Mutter erreichst du ja nie! habe ich mich auch damit abgefunden. Ich hatte gar keine hohe Meinung von meinen äußeren Reizen und wußte nichts davon. Schade eigentlich. Else Lasker-Schüler hat mich einmal irgend jemandem gegenüber eine »morgenländische Prinzessin« genannt, das halte ich für sehr übertrieben.

Natürlich fanden sich viele Bewerber ein. Es verkehrten viele junge Leute bei uns, die mir alle mehr oder weniger den Hof machten, und der eine oder andere hätte mich wohl auch gewiß ganz gern geheiratet. Aber ich dachte nicht daran zu heiraten, selbst nicht, als ich Thomas Mann kennenlernte und er sich für mich interessierte. Ich habe das nicht so sehr ernst genommen und wäre nicht auf den Gedanken gekommen, ihn zu heiraten. Es ging von ihm aus.

Ein junger Mann, der auch aus Schlesien stammte, auch den Namen Pringsheim trug und bei uns verkehrte, liebte mich offenbar sehr. Er war vielleicht um fünf bis zehn Ecken mit uns verwandt, aber das ließ sich gar nicht nachweisen. Er war ein besonders leidenschaftlich interessierter und sehr nett aussehender Student. Wir gingen zusammen auf die Universität und fuhren immer mit dem Fahrrad hin, wenn es die Jahreszeit erlaubte, und dann stellte man sein Rad in dem sogenannten Radstall ab. Wenn die Kollegien vorbei waren, holte man es wieder. Da kann ich mich erinnern, daß ich einmal in den Radstall ging, nichts Böses ahnend, mein Rad zu holen, und da erschien dieser gleichnamige junge Mann und machte mir eine Liebeserklärung, quasi einen Heiratsantrag – im Radstall! Ich war vollkommen *flabbergasted,* wie die Amerikaner sagen, vollkommen sprachlos, und sagte nur immer: Ja, aber wieso denn? Wie kommen Sie denn nur darauf? Darüber muß ich doch erst nachdenken, ich meine, das geht doch gar nicht so plötzlich. Ich habe eigentlich im Moment gar nicht an so etwas gedacht. Ich will ja, ich meine, ich habe Sie ja sehr gern, aber ich dachte doch gar nicht daran, Sie zu heiraten. Wir können doch mal abwarten, und so. Dann war er etwas beschnien und zog ab.

Ich habe ihn später noch einmal aus Versehen sehr gekränkt. Sonntags hatten wir immer viele junge Leute zum Tee, und er war auch da. Es war die Rede davon, daß es doch eigentlich komisch ist, daß Mädchen plötzlich ganz anders heißen, wenn sie verheiratet sind. Bei Männern kommt das doch nicht vor. Und dann sagte ich: Ich wäre ja nun in der glücklichen Lage, daß ich meinen Namen gar nicht zu wechseln brauchte, und lachte. Darauf schrieb er mir einen acht Seiten langen Brief: es sei entsetzlich für ihn gewesen, und nie wieder dürfte ich Scherze machen über Dinge, die ihm heilig seien und über die er niemals wegkommen könnte.

Ich hatte mir nichts Böses gedacht, aber ich habe mich dann sehr entschuldigt.

Das war einer meiner Bewerber. Ich hatte auch andere, aber sie waren alle recht jung und unbedeutend. Da fällt mir ein: Alfred Kerr hatte die Absicht, mich zu heiraten, und diese Absicht bestand bei mir nie. Er hat es Thomas Mann zeit seines Lebens furchtbar übelgenommen, abgesehen von seinen sonstigen Gehässigkeiten gegen ihn. Ich habe sie alle nicht geheiratet, weder den Professor noch den schwer gekränkten

Pringsheim noch Kerr und die übrigen, sondern, nach einigen Sperenzchen meinerseits, doch Thomas Mann. Wir haben uns auf sehr komische Weise kennengelernt. Thomas Mann »kannte« mich von einem Kinderbildnis her, aber ohne zu wissen, daß seine zukünftige Frau auf der Leinwand abgebildet war.

Es war ganz drollig. Als meine Brüder und ich Kinder waren – wir waren sehr nah im Alter, alle zusammen nur vier Jahre auseinander –, gingen wir fünf in München einmal auf einen Kindermaskenball: die vier Buben als Pierrots und ich als Pierrette verkleidet. Wir trugen weiße Kostüme mit schwarzen Pompons, hatten lange schwarze Strümpfe an und hohe weiße Mützen auf. Die Buben gingen in ihren Pluderhosen und ich im Röckchen. Auf diesem Ball war auch der Maler Fritz August Kaulbach, damals in München und über München hinaus in ganz Deutschland sehr *en vogue*. Er war Hofporträtist und neben Lenbach der Malerfürst jener Zeit. Kaulbach war mit der den Kinderball veranstaltenden Familie befreundet, kannte auch meine Eltern, und da sah er uns fünf Kinder an jenem Abend und war ganz vernarrt in die fünf Pierrots. Dann besuchte er meine Eltern, erzählte ihnen, er habe uns auf dem Ball gesehen, es sei so nett anzuschauen gewesen, er müsse uns in unseren Kostümen malen. Nun, er malte uns zu fünft, und das Bild war ein kolossaler Erfolg, wie Genre-Bilder ihn seinerzeit oft hatten. Das Pierrotbild wurde dann auch in vielen Städten Deutschlands ausgestellt und in verschiedenen Illustrierten reproduziert. Sogar Freunde von uns, die aus Petersburg kamen, brachten Papierservietten, auf denen dieses Bild zur Dekoration in einer Ecke abgebildet war. Nun, und der junge Thomas, der damals vierzehn Jahre alt war, als ich sechs war, wohnte noch in Lübeck und hat wie viele andere das Bild in einer illustrierten Zeitschrift gesehen. Es hat ihm so sehr gefallen, daß er er es sich ausgeschnitten und mit Reißnägeln über seinem Pult befestigt hat. So hatte er es immer vor Augen gehabt, hatte aber keine Ahnung, wer diese Kinder waren, denn der Name der Familie stand natürlich nicht darunter; das Bild hieß einfach »Kinderkarneval«. Diese Geschichte hat er mir später erzählt. Das Bild hing in unserem Wohnzimmer, und als Thomas Mann dann in meinem Elternhaus verkehrte, hat er es natürlich dort gesehen, und auch bemerkt, daß ich das eine von den Kindern bin. Aber zu welcher Zeit er die Identität erkannt hat, könnte ich nicht sagen. Ob sein Interesse für mich damit zusammenhing, daß er das Bild als Junge besessen hatte, weiß ich nicht. Ich habe ihn nie danach gefragt. Sein Interesse wird schon meiner Person gegolten haben, wie sie damals war, als ich zwanzig Jahre alt war, und er mich in München sah. Thomas Mann hatte mich schon eine ganze Weile aus der Ferne und von »oben« beobachtet, bevor wir uns persönlich kennenlernten. Wenn ich ausging, war ich eigentlich immer von meinen vier Brüdern umgeben. Ich trat nie allein auf. Damals durfte ein junges Mädchen überhaupt nicht allein auf die Straße. Wir besuchten viele Gesellschaften und gingen sehr viel in Konzerte.

Es gab in München neben den schon bestehenden Akademiekonzerten im Odeon ein neugegründetes Konzertunternehmen, die sogenannten Kaimkonzernte, die neben den Odeonkonzerten das Musikleben in München erweitern sollten. Ein Mann namens Kaim war der

Unternehmer. Er hatte ein Orchester gegründet, einen Konzertsaal gebaut, den Kaimsaal, sich dabei verbaut und war dem Bankrott nahe. Daher wurden die Kunstfreunde Münchens sehr angehalten, Abonnements zu nehmen: sie sollten dieses zweite Münchner Konzertsaal-Unternehmen unterstützen. Auch mein Vater war auf diese Konzerte abonniert. Er hatte gleich fünf Abonnements genommen, und in diese Konzerte ging ich immer mit meinen vier Brüdern. Weingartner war dort Dirigent. Mein Mann, der sehr musikalisch und immer musikliebend war und auch diese Konzerte regelmäßig besuchte, sah mich dort mit den Brüdern, beobachtete von oben die Familie, vor allem aber das Mädchen und fand Wohlgefallen an ihm. So kannte er mich vom Sehen schon eine ganze Weile, aber ich kannte ihn nicht. Ich hatte damals die »Buddenbrooks« gelesen.

Meine Eltern waren in München wohlbekannt, und diese fünf Kinder, die ständig zusammen auftraten, fielen auf und waren auch ziemlich bekannt. Da kann ich mich erinnern, daß einmal, in der Pause dieser Konzerte, ein bayrischer Prinz, der Prinz Luitpold, mich ansprach und mich so fragte: Ja, sind Sie nicht Fräulein Pringsheim? und so. Er war sehr huldvoll und ich sehr verlegen, und dann sagte ich: Jetzt fängt's ja wohl wieder an, und zog mich zurück. Da rief man mir nach: Ja, wo bleibt denn der Hofknicks? Aber ich hatte keine Ahnung, wie man einen Hofknicks macht. Ich sprach auch sehr selten mit Prinzen. Ich weiß nicht, ob mein Mann dieses prinzliche Rencontre auch beobachtet hat, da er das Mädchen doch ständig mit den Augen verfolgte.

Als wir dann schon verheiratet waren, traten meine vier Brüder auch weiterhin in geschlossener Phalanx auf. Ich weiß noch, daß Hofmannsthal, der öfters nach München kam, zu irgendwem sagte, als er auch einmal im Konzert war und meine Brüder beobachtete: Zu nett, die Brüder von der Katia! Immer sprechen's miteinander! Wir kannten ihn ganz gut, und ich stand sehr herzlich mit ihm. Ich war zwar nie in Rodaun, aber mein Mann war da und war ganz entzückt davon. Er verstand sich sehr gut mit Hofmannsthal, hielt sehr viel von ihm und hat ihn auch menschlich immer sehr geschätzt. Sein Tod ist ihm außerordentlich nahegegangen.

Aber zurück in die Jahre 1903, 1904. Kennengelernt habe ich Thomas Mann überhaupt erst nach dem Abenteuer in der Trambahn. Ich fuhr, wenn nicht mit dem Rad, immer mit der Trambahn vor- und nachmittags ins Kolleg, und Thomas Mann fuhr auch oft mit derselben Bahn. An einer bestimmten Stelle, Ecke Schelling-/Türkenstraße, mußte ich aussteigen und ging dann zu Fuß, mit der Mappe unterm Arm. Als ich aussteigen wollte, kam der Kontrolleur und sagte: Ihr Billet!

Ich sag: Ich steig hier grad aus.

Ihr Billet muß i ham!

Ich sag: Ich sag Ihnen doch, daß ich aussteige. Ich hab's eben weggeworfen, weil ich hier aussteige.

Ich muß das Billet –. Ihr Billet, hab ich gesagt!

Jetzt lassen Sie mich schon in Ruh! sagte ich und sprang wütend hinunter.

Da rief er mir nach: Mach daß d' weiterkimmst, du Furie!

Das hat meinen Mann so entzückt, daß er gesagt hat,

schon immer wollte ich sie kennenlernen, jetzt muß es sein.
Aber wo? Denn wir hatten viele gemeinsame Freunde und Bekannte in München, und an manche hätte Thomas Mann sich wenden können mit der Bitte, ihn zusammen mit mir einzuladen und uns nebeneinanderzusetzen. Bei Stucks, zum Beispiel, hätten wir uns ganz gut kennenlernen können. Franz Stuck, eigentlich bäurischer Herkunft, ein sehr erfolgreicher Maler mit seinen symbolischen Bildern – später wurde er geadelt –, hatte sich nach eigenen Plänen ein sehr schönes Haus in römischem Stil erbauen lassen, die Villa Stuck. Sogar das Mobiliar dazu hat er entworfen.
Frau Stuck war eine sehr schöne Frau. In dieser Villa gaben sie große Gesellschaften, und weil sie eine merkwürdige Auffassung von einer Tischordnung hatten, wäre es für Thomas Mann ein leichtes gewesen, mit mir Bekanntschaft zu machen. Wir hätten uns da automatisch an einem Tisch befunden, vielleicht auch nebeneinander. Stucks arrangierten sich mit ihren Gästen nämlich so: An einen Tisch setzten sie alle Aristokraten, an den zweiten setzten sie alle besseren Leute, auch meine Eltern und mich – Thomas Mann hätte und hat, wenn er dort eingeladen war, auch dort gesessen –, und an den dritten Tisch setzten sie den Abhub, Leute, die sie meinten, niemandem zumuten zu können. Das war eigentlich keine sehr gute Einteilung. Einmal hatten sie einen Universitätsprofessor und seine Frau eingeladen. In der Villa Stuck zählten sie zum Abhub. Sie waren beide rein jüdisch, und die Frau war ziemlich abschrekkend häßlich. Nun, man hätte sie dann gar nicht einladen sollen. Aber so ging es dort zu.

Thomas Mann überlegte, wie er es am besten anstellte, und wandte sich endlich mit seiner Bitte an das Ehepaar Bernstein. Der Justizrat Bernstein war ein sehr bekannter Anwalt in München, hatte auch Maximilian Harden im Eulenburg-Prozeß vertreten, und sie war Schriftstellerin und hatte unter dem Namen Ernst Rosmer das Textbuch zu Humperdincks »Königskinder« geschrieben. Es war ein kultivierter, intellektueller Salon, den Elsa Bernstein führte. Thomas Mann wandte sich also um Vermittlung an Frau Bernstein: Sie sind doch mit Pringsheims gut bekannt. Könnten Sie mich nicht einmal zusammen mit Katia Pringsheim einladen, daß ich sie endlich einmal kennenlerne?
Frau Bernstein sagte: Nichts einfacher als das! Ich lade Sie zusammen zum Abendessen ein.
Darauf wandte sie sich an meine Eltern: sie möchte doch die Katia einmal einladen – ohne böse Hintergedanken. Nun hatten Bernsteins aber auch Thomas Mann eingeladen und uns geschickt nebeneinandergesetzt. Das war sehr nett.
Frau Bernstein, die unsere Bekanntschaft eifrig begünstigte und offenbar gerne ehestiftete – ich will nicht den stärkeren Ausdruck gebrauchen –, lud uns auch fleißig wieder zusammen ein, und von da ab kannten wir uns gut, und die Sache gedieh so weit. Seit dem Abenteuer in der Trambahn war Thomas Mann entschlossen: Diese oder keine – ich habe das zunächst gar nicht so ernst genommen. Aber es kam eben doch dazu.
Dann hat er auch bei uns Besuch gemacht. Meine Mutter hat schon ziemlich bald gemerkt, was von seiner Seite gespielt wurde, und hatte nichts dagegen. Ihr gefiel er sehr gut. Sie hatte gleich eine sehr hohe Meinung

von Thomas Mann, sie wußte auch seine literarischen Verdienste gebührend zu schätzen.
Dann kam er eines Morgens und sagte, ich hätte doch gesagt, wir wollten zusammen eine Radtour machen. Ich hatte aber gar nichts dergleichen gesagt. Doch es war sehr schönes Wetter, und da sagte ich: Wir können es ja machen. Also machten wir unsere Radtour. Ich hatte ein sehr gutes, schnelles amerikanisches Cleveland-Rad und fuhr ihm dann sogar davon. Unsere Tour hat er ein bißchen in »Königliche Hoheit« geschildert, nur daß es dort vom ordinären Fahrrad aufs Pferd transponiert ist: Imma Spoelmann reitet dem Prinzen Klaus Heinrich davon.
Kurzum, wir sahen uns oft und schlossen nähere Bekanntschaft und Freundschaft.
Wir hatten einen Diener, der aus den österreichischen Ostprovinzen kam, die es damals noch gab. Ignatz nannte mich immer Fräulein Katju. Ich weiß nicht warum. Und immer, wenn Thomas Mann kam, flüsterte er ihm zu: Fräulein Katju sind im Garten. Vom Diener wurde die Sache also auch begünstigt, und die Meinung von unserem sehr netten Familienbuchhändler Buchholz war für meine Eltern ebenfalls ganz tröstlich, besonders für meinen Vater, der sich mit literarischen Büchern ja nicht viel befaßte, sondern hauptsächlich wissenschaftliche Dinge las. Ich weiß gar nicht einmal, ob er die »Buddenbrooks« gelesen hatte, auf alle Fälle kannte er sie nicht so sehr genau, und von Schopenhauerischer Philosophie hielt er nicht sehr viel. Dagegen trafen sich Vater und Schwiegersohn in ihrer leidenschaftlichen Verehrung für Richard Wagner.
Mein Vater hatte ein kritisches Verhältnis zu Schopen-

hauer, weil letzterer sich wiederholt abschätzig über die Mathematik geäußert hat. Als Mitglied der Bayrischen Akademie der Wissenschaften hatte er auf einer ihrer Tagungen einmal einen Vortrag gehalten: »Schopenhauer und die Mathematik«, und nachgewiesen, daß Schopenhauer von der Mathematik eigentlich nichts verstand und seine Äußerungen falsch waren. Mein Mann kannte jedoch diesen Vortrag nicht, und ich habe ihm auch nie davon erzählt. Mein Vater hatte ihn gehalten, ehe wir uns kannten.

Nun, als meine Mutter einmal in den Laden von Herrn Buchholz ging und nach Büchern von Thomas Mann fragte, er hätte sie doch gewißlich vorrätig, sagte er: Thomas Mann? Ja, der! Der wird mindestens so weit gehen wie Gottfried Keller. Das kann ich Ihnen sagen.

Das war doch sehr ermutigend für meine Eltern, nicht?

Aber, wie gesagt, mein Vater war nicht sehr begeistert, und ich war, wenn auch aus anderen Gründen, auch nicht so sehr enthusiasmiert und habe mich zunächst skeptisch verhalten. Ich hatte erst einige Widerstände, dachte nicht daran, so früh zu heiraten, und habe gesagt: Wir kennen uns ja noch gar nicht genug.

Ich war zwanzig und fühlte mich sehr wohl und lustig in meiner Haut, auch mit dem Studium, mit den Brüdern, dem Tennisklub und mit allem, war sehr zufrieden und wußte eigentlich gar nicht, warum ich nun schon so schnell weg sollte.

Aber Thomas Mann hatte den dringenden Wunsch, mich zu heiraten. Er wollte es offenbar sehr gern und war geradezu draufgängerisch. Er war gar nicht schwierig, und für seine Verhältnisse waren die Briefe, die er mir im Sommer 1904 schrieb, als wir durch die Krankheit meines Vaters und eine Sommerreise an die Ostsee monatelang getrennt waren, sehr leidenschaftlich. Meine Mutter und ich begleiteten meinen Vater, der recht krank wurde, nach Kissingen, danach fuhr ich mit meinem Zwillingsbruder an die Ostsee. Dorthin wurden wir zwei immer abgeschoben, währenddessen meine Eltern mit den drei größeren Kindern Riesen-Radtouren machten. Autoreisen kannte man ja damals noch nicht. Sie fuhren durch ganz Europa, fuhren von München nach Oslo, damals hieß es ja noch Kristiania, oder nach Süditalien. In der Zwischenzeit waren mein Bruder Klaus und ich friedlich an der Ostsee, und Thomas Mann schrieb mir wunderbar schöne Briefe dorthin – er konnte ja schreiben –, die mir natürlich auch Eindruck machten und die ich nicht ganz so schön beantwortete.

Wie wir dann zurückkamen, im September muß es gewesen sein, kam es dann doch sehr bald dazu, daß wir uns verlobten. Geheiratet haben wir am 11. Februar des nächsten Jahres. Da war ich dann auch schon einundzwanzig.

Mein Zwillingsbruder Klaus war außerordentlich für diese Heirat. Er hat sich sein Leben lang immer gerühmt, er hätte sie überhaupt gemacht; das ist natürlich lächerlich; aber er hat sie von Anfang an sehr begünstigt. Ich muß gestehen, sie nannten zunächst Thomas Mann immer den leberleidenden Rittmeister, weil er nämlich etwas bläßlich war und schmal, und dann war er sehr korrekt mit seinem Schnurrbart und in seinem ganzen Auftreten. Aber das war nicht bös gemeint. Wirklich gegen die Heirat war niemand. Auch »Urmiemchen«

war durchaus einverstanden; das heißt, sie war doch ein bißchen enttäuscht, daß ich nicht zu Ende studierte und promovierte, denn diese Idee hatte sie als Frauenrechtlerin für mich gehabt. Aber an sich konnte ihr ein solcher Schwiegerenkel nur willkommen sein, nicht wahr? Thomas Mann war in ihren Augen, wenn es schon sein mußte, durchaus der richtige. Sie hatte ja sehr viel Sinn für Literatur und wußte von ihm. Zudem war sie eine furchtbar gute, nette Frau, die überhaupt nie gegen irgendeine Sache opponiert hätte, außer es wäre eine häßliche Sache.

Als wir verlobt waren, fuhren wir nach Berlin und wurden bei den Verwandten als Brautpaar so *quasi* vorgeführt. Thomas Mann hatte bei dieser Gelegenheit auch eine Lesung im »Verein für Kunst«. Das war eine literarische Gesellschaft, die der Gatte von Else Lasker-Schüler führte.* Er komponierte wohl auch ein bißchen, und zu Anfang dieser Vorlesung spielte er ein Stück, das hieß »Thomas Mann«. Es war ein sehr sonderbares Gebrumme auf dem Cello. Ich war immer sehr zum Lachen geneigt und kriegte einen furchtbaren Lachanfall. Um mich zu beruhigen, bewarf mich die Lasker-Schüler ständig mit Pralinés, was mich aber eigentlich nur noch mehr zum Lachen brachte.
Es ging dann so vor sich hin mit dem Cello und meinem Lachen, recht und schlecht.
Thomas Mann las auch aus »Fiorenza« vor. Da stand in der Kritik: diese Renaissance-Dialoge in der Sprache

* Herwarth Walden (eigtl. Georg Levin), Musiker, Kunstkritiker, Schriftsteller (1871 geb.; seit 1941 in der UdSSR verschollen). Gründer der expressionistischen Zeitschrift »Der Sturm«.

Onkel Bräsigs zu hören, wäre doch etwas komisch, was aber sehr ungerecht war, denn er s-prach nicht und hatte überhaupt nur einen ganz leichten norddeutschen Tonfall. Aber man weiß ja, wie Kritiker sind. Sie wußten, daß er aus Lübeck stammte, und da dachten sie, sie müssen ihm das anhängen. Eine Kritik von Kerr war es wohl nicht. Dann wurde das Honorar auch nicht bezahlt, und Thomas Mann schrieb aus München den Leuten einen Brief, den er mir zeigte: Ich muß mit Befremden feststellen, daß Sie das mir geschuldete Honorar von hundert Mark noch immer nicht eingezahlt haben; ich muß nun dringend bitten, daß das jetzt geschieht. Das ist bei mir nicht Sache der Geldgier, sondern des Ehrgeizes, denn ich bin überzeugt, daß Wolzogen sofort sein Honorar bekommen hat.
Ich sagte: Wie kannst du denn so etwas schreiben? Dann werden sie dir antworten: Beruhigen Sie sich, Wolzogen hat es auch nicht bekommen. Also, du mußt schreiben: Ich bestehe darauf, daß Sie es bezahlen. Aber das mit Wolzogen würde ich weglassen.
Nun ja, das war die Vorlesung.
Bei dieser ersten Berlinreise waren wir auch bei meinem Onkel Hermann Rosenberg eingeladen, der Direktor der Berliner Bank-Gesellschaft war und ein sehr schönes Haus hatte, in einer Privatstraße, die in die Tiergartenstraße mündete. Es gab ein Abendessen dem Brautpaar zu Ehren, und Maximilian Harden war auch dort, mit dem meine Mutter sehr freundlich stand. Er sagte ihr den nächsten Tag: Es war wirklich eine Freude für mich, die beiden hübschen jungen Leute so zu sehen. Das hat meinen Mann etwas froissiert. Er wollte nicht als »hübsche junge Leute« bezeichnet werden.

Dann war es bei meinen Großeltern väterlicherseits, die sehr reich waren. Sie fragten gleich: Na, Tommy, was wünschst du dir denn? Und er antwortete: Ach Gott, ich habe eigentlich keine sehr gute Uhr.
Da sagten sie: Es wird sofort zum ersten Uhren- und Juwelierladen von Berlin geschickt, und von dort kam eine *choix* prachtvoller Golduhren. Er hat dann eine Glashütter Golduhr bekommen, die wir heute noch haben und die nie gereinigt werden mußte. Jetzt muß man doch pausenlos zum Uhrmacher rennen, aber so waren die Uhren damals. Ich habe sie dann Golo vererbt.
Das war unsere erste Reise nach Berlin. Unsere zweite machten wir, als ich schon das erste Kind erwartete. Wir waren zu Besuch bei meiner Großmutter Dohm, und es war von meinem Mann dann gar nicht taktvoll, wie er sich ihr gegenüber benahm.
Sie fragte ihn: Na, Tommy, was wünschst du dir nun, Junge oder Mädchen?
Da sagte er: Natürlich einen Jungen. Ein Mädchen ist doch nichts Ernsthaftes.
Das war schlimm. Aber trotzdem vertrugen sie sich dann sehr gut.
Es war also ein Mädchen, Erika. Ich war sehr verärgert. Ich war immer verärgert, wenn ich ein Mädchen bekam, warum, weiß ich nicht. Wir hatten ja im ganzen drei Buben und drei Mädchen, dadurch war Gleichgewicht. Wenn es vier Mädchen und zwei Buben gewesen wären, wäre ich außer mich geraten. Aber so ging's. Mein Mann war viel mehr für die Mädchen. Obgleich er ein Mädchen für nichts Ernsthaftes hielt, war Erika immer sein Liebling; und dann die Jüngste, Elisabeth. Die bei-

den Mädchen hatte er bei weitem am liebsten; sie standen ihm entschieden näher als die Söhne.

Unsere erste Wohnung hatten wir in Schwabing, in der Franz-Joseph-Straße 2. Mein Vater hatte sie uns sehr hübsch eingerichtet, während wir unsere Hochzeitsreise nach Zürich und Luzern machten. Es war im Februar, und wir waren gut vierzehn Tage weg. Dann erwartete uns das erste Heim. Mein Vater hatte eine sehr große Vorliebe für italienische Renaissance und großen Spaß am Einrichten. Aber bald wurde diese Wohnung zu klein. Erika, Klaus, Golo und Monika kamen, und vier Kinder hatten dort keinen Platz. So mieteten wir eine geräumige Doppelwohnung im Herzogpark, damals ein sehr hübsches Viertel an der Isar, und hier, in der Mauerkircherstraße, hatten alle Platz. Die Jüngsten waren ja noch nicht da.
Wir hätten eventuell Anspruch auf ein Haus in Lübeck erheben können, das die Mannschen Erben geerbt hatten. Es war ein nettes Haus aus Ziegelstein mit weißen Läden, das so ein bißchen draußen im Grünen lag. Wie wir einmal in Lübeck waren, haben wir es uns mit einem Großvetter meines Mannes, der Geschäftsmann, Kaufmann war, angesehen. Ich war damals das erste Mal in Lübeck. Es war noch ganz erhalten, während inzwischen viel kaputtgegangen ist, und es war mir schon wichtig, es zu sehen, einmal wegen der »Buddenbrooks« natürlich, aber auch, weil es die Geburtsstadt meines Mannes war, wiewohl mir das Hanseatische oder Norddeutsche in seinem Wesen überhaupt nicht auffiel. Nun, ich sagte zu ihm: Du, es wäre doch ein reizender Aufenthalt. Da sagte aber der Großvetter: Ach, ich denke,

Sie würden die geistige S-peise doch etwas vermissen. Es wurde auch nichts daraus, und wir haben uns später ein Haus im Bogenhausener Viertel in München gebaut, bei mäßiger geistiger S-peise. Das Haus, die Poschingerstraße 1, war ein bißchen in der Art wie dieses Kilchberger Haus, nur wesentlich größer. Es mußte auch größer sein.

Thomas Manns Verhältnis zu Lübeck, oder besser das Verhältnis der Lübecker zu Thomas Mann, war ja zeit seines Lebens ein Kapitel für sich. Wie Frau Senator Mann, seine Mutter, wie Gerda Buddenbrook, wie Hanno, wie Tonio war er dort ein fremder Vogel. Er liebte seine Mutter sehr und hing ungeheuer an ihr. Als ich sie kennenlernte, war sie nicht mehr so sehr attraktiv, aber man sah, daß sie sehr schön gewesen war. Sie hatte sehr gut geschnittene Züge, einen südländischen Typus, halb brasilianisch; auch ihre Mutter, die jung gestorben ist, muß sehr schön gewesen sein. Sie war ja damals als kleines Kind mit dem Vater wieder nach Lübeck zurückgekommen, war dann in diesem Mädcheninstitut, das mein Mann in den »Buddenbrooks« schildert, und es ging dort wohl so zu wie mit Sesemi Weichbrodt, der »Zockerböchse« und all dem. Dann hat sie sehr jung den Senator oder Konsul Heinrich Mann geheiratet, und sie war ausgesprochen künstlerisch begabt. Sie spielte ganz hübsch Klavier und sang. Mein Mann hat eigentlich die ganze deutsche Lieder-Literatur durch die Mutter kennengelernt. Während sie musizierte und sang, durfte er so als kleiner Hanno dabeisein. Außerdem war sie auch zeichnerisch nicht ganz unbegabt. Wenn ein Porträt in der Familie gemalt wurde und es gefiel ihr nicht, verbesserte sie es. Ob es sehr

dienlich für das Porträt war, weiß ich nicht, aber ich weiß, daß sie es einfach ein bißchen ummalte. Sie war begabt und schön.
In München, wohin sie und die Kinder nach dem Tod von Senator Mann zogen, war sie noch recht lebenslustig. Sie hatten einen Kreis von verschiedenen Herren, Kunsthistoriker, ein Numismatiker und andere, und diese Herren schwankten eigentlich immer, ob sie den Töchtern den Hof machen sollten oder der Mutter. Und die Töchter litten ein bißchen darunter, daß die Mutter immer noch solchen Wert auf das Weibliche legte und Verehrer hatte.
Im Hause verkehrte auch ein Dr. Löhr, ein sehr gebildeter, netter Mann von kleiner Statur, und der schwankte, glaube ich, auch immer zwischen Mutter und Tochter Lula, der älteren Schwester meines Mannes, die eigentlich Julia hieß. Er hat sich dann doch mit der Tochter vermählt. Diese Heirat war jedoch keine Liebesheirat, sondern eine Vernunftsheirat. Er hatte eine sehr gute Stellung als Bankdirektor.
Als wir heirateten, lebte die Mutter meines Mannes schon in Augsburg.
Apropos Augsburg. Da fällt mir eine Geschichte von der sehr schönen Anna Maria Derleth und Frau Senator Mann ein. Aber ich muß zuvor doch wohl ein wenig ausholen, denn der Name Derleth ist heute ja nicht mehr so bekannt. Die schöne Anna Maria war die Schwester von Ludwig Derleth, einem George-Jünger, der nicht ganz so frauenfeindlich wie sein Meister war.
Ich habe Stefan George ein paarmal erlebt. Kennen lernte ich ihn bei meinem angeheirateten Onkel Bondi, dem Verleger von George und seinem Kreis, wo er sich

ganz natürlich und praktisch gab, ohne jeden Pomp. Aber dann, bei einer Abendfeier bei Wolfkehls, thronte er und hat meine Mutter nicht sehen wollen. Er drehte ihr den Rücken. Sie sollte mit ihm bekannt gemacht werden, und er wandte sich ab. Er mißbilligte sie. Was soll mir die Dame? So.

Nun, Ludwig Derleth war nicht so. Ich kannte ihn sehr gut, und er kam auch oft zu uns. Er war ein leidenschaftlicher Verehrer von Napoleon. Das klingt auch ein wenig in der Novelle meines Mannes, »Beim Propheten«, an, die er nach einer Derleth-Lesung geschrieben hatte und als »harmlose Huldigung« an meine Mutter dachte, »zur Sicherheit«, noch in der Werbe- und Wartezeit und bevor ich im Sommer verreiste.

Ludwig Derleth war ja sehr sonderbar. Er nannte mich immer »die Prinzessin«, mit ganz weicher Aussprache. Er behandelte mich immer mit größter Hochachtung, und dann sagte er: Es ist ein Fehler gemacht worden! Die Prinzessin hätte nicht heiraten sollen! – Er war nicht einverstanden. Damals lebte er noch nicht in der Schweiz, lebte so herum, auch eine Zeitlang in Paris.

Wir hatten sonntags immer eine Menge junge Leute zum Tee, und die schöne Anna Maria kam auch oft zu uns. Da trat sie eines Tages herein und sagte: Mein Pruder ist in Paris! Er wohnt in der rue Bonaparte! Sie hatten beide so eine Art, alles ins Merkwürdige und Großartige und Hochgestimmte zu treiben. Sie sagten nicht etwa: Rotwein, sondern Roter Wein.

Anna Maria Derleth kannte auch meine Schwiegermutter, die eben damals schon in Augsburg lebte. Und da kam sie wieder eines Tages zum Tee und sagte: Ich bin

gekommen, um Abschied zu nehmen! Ach, wollen Sie verreisen? Wohin fahren Sie denn?
Nach Augsburg! Ich denke, die Nacht zu bleiben.
So drückte sie sich immer aus. Es war aber die ganze Sache die: Sie wollte Frau Senator Mann begrüßen und ihr von uns erzählen.
Von Augsburg zog meine Schwiegermutter dann aufs Land nach Polling, wo Leute namens Schweighardts wohnten, die mein Mann unter dem Namen Schweigestill im »Faustus« eigentlich mehr oder weniger verherrlicht hat. Da lebte sie nur noch für ihre Kinder und in Erinnerungen.
Die Mutter stand meinem Mann näher als sein Vater, und das gilt wohl auch für Heinrich. Den Vater hat er verehrt und ungefähr so gesehen wie Thomas Buddenbrook, dem er natürlich auch viel von sich selbst gegeben hat. Der Vater muß ein sehr begabter, auch gesellschaftlich gewandter und interessierter Mensch gewesen sein. Es tat meinem Mann wohl auch leid, daß er ihn gewissermaßen enttäuschte, weil er ein schlechter Schüler war und gar nicht ins Geschäft paßte, in das er eigentlich eintreten sollte. Die Firma wurde nach dem Tod des Chefs dann aufgelöst. Trotzdem glaube ich, daß mein Mann dem Vater näher stand als Heinrich.

II

Das Verhältnis zwischen den Brüdern war von Anfang an sehr merkwürdig. Die Brüder, sie sind vier Jahre auseinander, haben schon in Lübeck, und ich habe es von meinem Mann selbst gehört, einmal ein volles Jahr nicht miteinander gesprochen. Sie waren sich irgendwie völlig abgeneigt. Ich kenne den Grund für ihr damaliges Schweigen nicht.

Heinrich sollte nach der Schule zunächst Buchhändler werden, wechselte dann zum Verlagswesen zu S. Fischer nach Berlin über, kündigte aber auch dort die Arbeit eines Tages auf, um nach Italien zu gehen. Mein Mann blieb in Lübeck, um sein Einjähriges zu machen, weiter hat er es bekanntlich in der Schule nicht gebracht. Die Mutter lebte mit den drei jüngeren Geschwistern schon in München, wohin er ihnen nachzog. Damals hing er, wie aus den Briefen hervorgeht, offenbar sehr an Heinrich. Er wollte ihn in Florenz treffen und schrieb ihm, es wäre doch ein Jammer, wenn du vorher abreistest, und daß es doch nur um Gottes willen zustande komme. Damals legte er großen Wert auf den Umgang mit dem älteren Bruder. In dem Jahr, das sie zusammen in Rom und Palestrina verbrachten, standen sie wohl sehr gut zueinander, und mein Mann ließ sich vielleicht auch bis zu einem gewissen Grad von dem Älteren beeinflussen.

Es war ein Verhältnis, das sich zwischen Anziehung und Abstoßung bewegte, und zwar nahm das Abstoßende mit den Jahren zu.

Ich habe Heinrich erst nach unserer Hochzeit kennengelernt. Wir hatten eine sehr komische Beziehung, wir

haben uns zeit unseres Lebens gesiezt. Heinrich war wohl der merkwürdigste Mensch, den man sich denken konnte. Er war sehr formell – eine Mischung von äußerster Zurückhaltung und dabei doch auch wieder Zügellosigkeit. Ich konnte ihn so gut nachmachen, und es machte mir immer besondere Freude, es zu tun. Einer meiner Sätze war: Ah! Die Reichen! Wie sie es gut haben!
Und ein andrer, den ich mir ausgedacht hatte: Wo ist Nina? Sie ist im Garten! Der Bucklige liegt auf ihr. Man weiß es, daß sie eine Nymphomanische ist!
In diesem Tooon, ja? Etwas näselnd, scharf, und jede Silbe mit leicht affektierter Präzision betonend.
Aber ich stand eigentlich sehr freundlich und gut mit ihm, d. h. wir zankten uns immer in der Zeit bis vor dem Ersten Weltkrieg. Um ihn zu ärgern, nahm ich gewöhnlich die Partei der russischen Generäle; aber die Brüder wuchsen sich damals doch recht auseinander, auch politisch, denn Heinrich war ganz französischlateinisch orientiert, wohingegen mein Mann seinen kulturellen Wurzeln nach deutsch war, absolut deutsch. Er hatte kein starkes Verhältnis zur französischen Literatur. Er hat französisch auch nur ziemlich mühsam und nicht viel gelesen. Die skandinavische Literatur, vor allem die russische, lag ihm viel näher.
Mit Heinrichs Zola-Essay kam es dann zum Bruch, und zwar zu einem Bruch, unter dem beide sehr gelitten haben. Wer unter dem Bruderzwist mehr litt, ist schwer zu sagen.
Dieser unselige Essay, dessen Anfang wirklich kränkend war – wenn Sie sich erinnern: »Sache derer, die früh vertrocknen sollen, ist es, schon zu Anfang ihrer

zwanziger Jahre bewußt und weltgerecht hinzutreten.« Niemand hat es so deutlich gemerkt wie mein Mann selber, daß er damit gemeint war. Es hat ihn über alle Begriffe gekränkt, und er hat sich diesen ersten Teil des Aufsatzes viel mehr zu Herzen genommen, als es im Grunde nötig gewesen wäre, denn Heinrichs Polemik traf ihn nicht ganz unvorbereitet. Die Brüder hatten schon wiederholt miteinander disputiert, weil Heinrich eben ganz westlich orientiert war und mein Mann, wenn auch bis zum Ausbruch des Krieges absolut nicht nationalistisch, so doch durch den Krieg seine derzeitige Stellung geändert hatte und eine Zeitlang die Legenden von der Mißgunst der anderen Staaten, von der Einkreisung Deutschlands, seinem Nieder- und Untergang glaubte. Ohne Heinrichs Zola-Essay hätte er aber die »Betrachtungen« niemals geschrieben. Das Ganze war eine leidenschaftliche Polemik gegen den Bruder – die Idee vom Zivilisationsliteraten, welcher Heinrich mehr oder weniger repräsentieren sollte, beherrscht zu großen Teilen das Buch –, gleichzeitig freilich hat Thomas Mann, indem er das Buch schrieb, sich von den ihn beherrschenden Ideen allmählich gelöst. In der Vorrede, die zum Schluß geschrieben ist, ist er schon distanziert, kann sich auf sein eigenes Rückzugsgefecht berufen und mit Überzeugung meinen, daß, was komme und kommen müsse, die Demokratie sei. Er hat sich die »Betrachtungen« vom Herzen geschrieben und dabei letztendlich überwunden, was er in ihnen vertrat. Beilegung des brüderlichen Zwistes und Versöhnung fanden dann gelegentlich einer sehr schweren Erkrankung von Heinrich statt, im Januar 1922.

Im Ersten Weltkrieg war es sehr schwierig, eine Familie mit vier heranwachsenden Kindern einigermaßen zu ernähren, und ich habe es nicht leicht gehabt. Ich bin da wirklich den ganzen Tag mit dem Fahrrad in München herumgefahren, um da oder dort etwas aufzutreiben; wir wollten absolut mit dem Schwarzhandel nichts zu tun haben. Aber schließlich ging es gar nicht mehr. Außerdem bekamen wir auch immer Angebote, die natürlich verlockten. Ein junger Mensch von höchstens siebzehn Jahren kam auch einmal zu uns und sagte: Also, wenn Sie mal was brauchen, da könnt i scho allerhand beibringen.
Und ich sagte: Na ja, da werden wir vielleicht doch dies oder das an Lebensmitteln benötigen.
Dann hat er mal ein bißchen Butter geliefert, mal Eier und so. Ich erwartete in der Zeit meine jüngste Tochter, und gleich das Jahr drauf erwartete ich meinen jüngsten Sohn. Da sah er mich ganz streng an und sagte: Scho wieder, Frau Doktor? Den kann i nimmer ernährn!
Mit der Heizung war es auch furchtbar prekär. Da hatten wir einen Mann, der nannte sich Hirschbethelo von Rosenstein, ich weiß nicht wieso; der sagte, er könnte Kohlen liefern, nur müßte ich hinkommen, um das mit ihm zu besprechen, er wohne da und da. Also fuhr ich mit meinem Rad dorthin, kletterte vier Treppen hinauf, und da lag der Kerl im Bett und sagte gleich: Setzen Sie sich nur auf mein Bett, Frau Mann. Es war mir sehr ungemütlich, und dann sagte er, er werde Kohlen bringen. Eines Abends kam er spät, schmiß den Koks auf die Straße und fuhr wieder weg. Da mußten wir in aller Heimlichkeit spät in der Nacht den Koks wegschaufeln

und in den Keller schaffen. Es war wirklich eine schwierige Zeit.

Von allen »Lieferanten« gefiel mir der am besten, welcher mir den neuesten Kinderzuwachs so verübelte.

Da war noch folgendes: es war Mietzwang. Wir hatten fünf Kinder und hätten einen Zwangsmieter in das Haus aufnehmen müssen.

Das Jahr drauf kam dann das sechste Kind. Da ging ich aufs Amt und sagte: Wir brauchen jetzt keinen Zwangsmieter aufzunehmen, wir haben noch ein neues Baby.

Da sagte der Beamte: Dazu hatten Sie kein Recht!

In dieser Art waren meine Erlebnisse.

Während des Krieges verkauften wir auch unser Landhaus in Tölz. Es war das erste Haus, das wir uns gebaut und eingerichtet hatten, das kalifornische in Pacific Palisades war das vierte und letzte. Gewöhnlich gerieten wir in finanzielle Schwierigkeit bei unserem Häuserbau, und auf irgendeine Weise mußte sie überwunden werden. Mein Mann hat in seinem ganzen Leben nie einen Vorschuß von einem Verleger gewollt. Er sagte, das bedrückt ihn, und das will er nicht. Aber wegen des Tölzer Landhauses wandte mein Mann sich nach einigem Zögern an Sami Fischer, daß er ihm etwas vorschießen möchte.

Ach, weißt du, sagte mein Mann schließlich, ich werde doch mal einen Vorschuß von Fischer nehmen; und schrieb einen langen, ausführlichen Brief an Fischer: Wir hätten eben viel mehr Kosten gehabt als vorgesehen; wir seien momentan wirklich recht knapp, aber es würde jetzt wohl bald »Königliche Hoheit« erscheinen, außerdem hätte er, Fischer, viele Verhandlungen mit ausländischen Verlagen, und bestimmt stünden wieder ganz schöne Einnahmen bevor. Kurz und gut, es wäre ihm sehr angenehm, wenn Fischer ihm 3000 Mark vorschießen könnte.

Sami Fischer hat umgehend zustimmend geantwortet, aber mit dem Einwand: Sie haben sich offenbar verschrieben. Sie meinten doch natürlich 30 000 Mark.

Denn er konnte sich nicht denken, daß ein Autor, der schon diese Erfolge hatte, wegen 3000 Mark einen so langen, ausführlichen Brief mit Motivierungen und Entschuldigungen schreibt. Es charakterisiert beide in netter Weise: die große Bescheidenheit des einen und die wirkliche Hilfsbereitschaft und das freundliche Entgegenkommen des anderen.

Ich kam gut mit Fischer aus. Ich mochte Sami Fischer sehr gern. Öfters habe ich mich mit ihm gestritten, aber das ist bei Verhandlungen ja nur normal. Ich wollte nicht, daß mein Mann sie mit ihm führte, und wenn ich dann kam, sagte Fischer gleich: Na, was haben Sie denn heute wieder für einen Dolch im Gewande?

Große Auseinandersetzungen gab es wegen der Volksausgabe der »Buddenbrooks«. Droemer hatte die Idee von der billigen »Buddenbrook«-Ausgabe zum Warenhauspreis von 2,85 Mark gehabt. Der Knaur-Verlag machte zwei billige Reihen, die eine, »Romane der Welt«, und die andere von klassischen Werken der Weltliteratur. In dieser zweiten Reihe sollten die »Buddenbrooks« als das einzige Buch eines lebenden Autors in der Auflage von einer Million Exemplaren herauskommen, und Droemer wollte uns dafür 100 000 Mark auf den Tisch legen. Fischer jedoch weigerte sich, die Lizenz für diese Extratour zu geben, er lehnte ab. Da fuhren wir extra

nach Berlin, um mit ihm zu reden und zu verhandeln, und Tommy hat ihm dann gesagt: Herr Fischer, ich brauche das, ich kann das Geld nur allzu gut brauchen. Ich kann doch eine solchen Betrag nicht einfach in den Wind schlagen, und da Sie es nicht machen, bin ich sehr dafür, daß Droemer es macht. Dies zum materiellen Gesichtspunkt, den ideellen anlangend, so müssen Sie doch sehen, daß die Zeit sich geändert hat. Man müsse ihr Rechnung tragen, und die Volksausgabe eines Buchs, das seine Lebensfähigkeit ein Menschenalter lang bewährt und bewiesen habe, sei, wenn auch einem Verlagswesen wie S. Fischer ein Novum, dennoch beileibe nichts Ehrenrühriges, kein Ramschgeschäft, das den Buchhandel in seinen Festen erschüttern müsse, sondern Forderung der Zeit. Außerdem erreiche eine solche billige Massenauflage ein ganz anderes Publikum.
Sagt Fischer: Es gibt nur *ein* Publikum.
Das können Sie doch nicht sagen, hielt ich ihm dann vor. Es gibt Studenten, kleine Ladnerinnen und viele, viele andere, die sich die teuren Fischer-Bücher nicht kaufen können. Und wenn sie sie dann bei Droemer kaufen? Es schadet Ihnen gar nichts.
Dann mach ich's eben selber.
Und es war ein Riesenerfolg.
Fischers Druckerei in Leipzig kam bald mit dem Drukken und Nachdrucken nicht mehr nach, kleine, weniger beschäftigte Druckereien in der Provinz mußten einspringen. Überall liefen die Rotationsmaschinen nur noch mit »Buddenbrooks«, und viele Leipziger Bindereien banden gleichzeitig das Buch. Eine Autokolonne von vierzig Lastwagen belieferte am Erscheinungstag die Buchhandlungen Berlins. Überall in den Illustrierten

war dieser Bücherzug abgebildet. Es war eine Sensation und ein gigantischer Erfolg, gleichzeitig natürlich eine ganz bedeutende Einnahme für den Verlag wie für uns. Aber Fischer wollte es anfangs nicht hören. Er war so hartnäckig, und in solchen Fällen bin ich dann mit ihm aneinandergeraten, »mit dem Dolch im Gewande«; aber ich habe ihn gern gemocht.

III

Wir hatten ein ziemlich offenes Haus in München, und viele befreundete Menschen verkehrten dort mehr oder weniger häufig. Es fiele mir heute schwer, sie alle namentlich aufzuzählen – Hesse, Hofmannsthal, Hauptmann, Josef Ponten, Bruno Frank, Ernst Bertram, Gide, Wedekind, Heinrich Mann, Bruno Walter, Gustav Mahler, Furtwängler und viele, viele andere; sonst korrespondierte man oder begegnete sich auf Reisen im In- und Ausland.

Solange wir in Deutschland lebten, unternahm mein Mann sehr viele Vortragsreisen innerhalb Deutschlands, was uns oft lange trennte, denn einmal war ich wegen der Kinder schwer abkömmlich, zum anderen aus Krankheitsgründen oft selbst lange fort, und außerdem interessierten mich diese Tournees auch nicht so sehr. Auf seinen Auslandsreisen habe ich ihn immer begleitet. Wir waren mehrmals in Venedig und Wien im Laufe dieser Jahre, dann in Holland, in England, in Paris, worüber Thomas Mann die »Pariser Rechenschaft« schrieb, und an vielen Plätzen Europas zusammen, und natürlich war ich im Nobelpreis-Jahr 1929 in Stockholm dabei.

Er reiste gern, und ich, sofern ich nicht Sorgen wegen der Kinder, meiner Eltern und um des Haushalts willen hatte, auch. Wien liebten wir beide, und damals hatte es wirklich noch einen Dichterkreis. Wir kannten sie alle. Hofmannsthal, dem wir schon von München her befreundet waren; Schnitzler, der etwas sehr Vertrauenerweckendes und Verständnisvolles hatte. Vielleicht kam es daher, daß er von Beruf eigentlich Arzt war. Mein Mann mochte ihn sehr gern, und ihn interessierten immer wieder Einzelheiten an allen seinen Büchern. Besonders »Leutnant Gustl« ist doch wirklich eine vorzügliche Novelle. Dann Beer-Hofmann, den ich selbst nicht sehr gut gekannt habe. Musil kannten wir persönlich nicht. Mein Mann hat nur bald als einer der ersten sehr hübsch über den »Mann ohne Eigenschaften« geschrieben, und Musil hat es ihm damit gedankt, daß er in späteren Jahren äußerst schnöde über Thomas Mann schrieb.

Hofmannsthal schätzte mein Mann sehr. Vielleicht hat er ihn von den zeitgenössischen Autoren seiner und unserer Generation sogar höher gestellt als Hermann Hesse, den er ganz besonders gern hatte. Es ist schwer zu sagen. Aber ich glaube doch, daß ihm Hesse der liebste war. Thomas Mann hatte schon den »Demian« mit aufmerkendem Interesse gelesen, natürlich ohne zu wissen, daß sich unter dem Pseudonym »Sinclair« Hermann Hesse verbarg; hatte sich im Freundeskreis nach diesem unbekannten Sinclair erkundigt und auch bei S. Fischer angefragt und erfahren, Hesse habe das Manuskript vermittelt, Sinclair sei ein junger, kranker Dichter in der Schweiz, der nicht behelligt zu werden wünschte. Das fand er schade. Er wolle Sinclair nur mitteilen, wie außerordentlich gut ihm der »Demian« gefallen habe.

Anfang der zwanziger Jahre haben wir Hesse in München kennengelernt. Er besuchte uns mit Ninon Dolbin, seiner späteren Frau. Wir waren sehr gute Freunde. Mein Mann fand ihn persönlich so besonders sympathisch. Hesse hatte eine Art drolligen guten Menschenverstand, sehr viel Sinn für Humor, was mein Mann immer liebte, und er unterhielt sich gern, plauderte gern.

Das »Glasperlenspiel« hat mein Mann doch als brüderliches Buch zum »Doktor Faustus« empfunden. Ich kann es nicht ganz so sehen. Die enorme Verwandtschaft, wie er sie gefunden haben will, sehe ich gar nicht. Nun, er hat Hesses Sachen sehr geschätzt und hat ihm auch über das Mitspracherecht, das er als ehemaliger Preisträger besaß, den Nobelpreis verschafft. Er hat immer wieder darauf insistiert, der Preis müsse an Hermann Hesse vergeben werden.

René Schickele hat Thomas Mann gern gehabt, auch gern gelesen. Bruno Frank war sein Freund, und er wußte sein Talent zu schätzen. Werfel hat er auch menschlich sehr gern gehabt und schätzte ihn, Stefan Zweig nicht so. Von Gerhart Hauptmann hat er sehr viel gehalten, aber mehr vom Dramatiker als vom Romancier Hauptmann. Hauptmann! Gott ja, er war prachtvoll. Wir sahen ihn häufig. Thomas Mann kannte ihn schon von früher her, in Berlin bei S. Fischer hatte er ihn gesehen, und ich erinnere mich hauptsächlich an unsere Begegnungen in Bozen, München und auf Hiddensee.

In Bozen waren wir zwei Wochen zusammen. Hauptmann machte meinem Mann großen Eindruck durch seine sonderbare, etwas undeutliche Art. Er hatte dieses irgendwie nicht ganz Zulängliche. Er brachte die Sachen nicht ganz heraus, die er sagen wollte. Er war eine Persönlichkeit. Mein Mann hat es bei dieser Gelegenheit bemerkt und mir dann, wie wir noch in Bozen waren, gesagt: Weißt du, ich war doch nie sicher, mit wem

Madame Chauchat nach Davos zurückkommen sollte. Sie muß ja mit einem Begleiter zurückkommen, aber mit wem? Jetzt weiß ich es.

Dann habe ich schon gemerkt, wen er meinte. Dieses Abgebrochene in seiner Redeweise, und diese zwingenden Kulturgebärden, wie Mynheer Peeperkorn im »Zauberberg« sie dann hat, hatte Hauptmann tatsächlich. Margarete, Hauptmanns Frau, hat später einmal zu mir gesagt, diese Figur sei sicher das schönste Monument für Gerhart. Mein Mann fand ihn schon sehr eindrucksvoll. Es ging etwas von ihm aus.

Er war gleich überaus zutunlich und nett zu mir. Ich weiß noch, ich wollte, daß wir nach München zurückführen, weil die beiden jüngsten Kinder noch sehr klein waren und ein neues Kinderfräulein gekommen war. Ach Gott, Tommy, sagte ich, jetzt sollten wir wirklich nach Hause fahren.

Darauf sagte Margarete ganz empört: Also wirklich, Gerhart, wenn du gern wo wärest, würde ich niemals darauf bestehen, daß ich abreisen möchte.

Darauf Hauptmann: Aber Margarete, denk doch an die Kinder, an die Kleinen.

Er verstand das vollkommen und war sehr von mir eingenommen in Bozen. Wir gingen einmal paarweise zusammen nach Hause. Mein Mann ging mit Margarete, Hauptmann mit mir, und war da etwas zudringlich, sagte aber nachher zu meinem Mann: Wissen Sie, wenn ich mit Ihrer Frau gehe – das hat mich so aufgeregt.

Ich stand immer sehr freundlich mit ihm.

Unsere Nachbarschaft in Hiddensee war etwas ärgerlich, weil Hauptmann doch der König von Hiddensee war. Er hatte uns sehr geraten, dort hinzukommen.

Nun war er aber dermaßen eindeutiger König, daß für uns dort wenig Aufmerksamkeit abfiel. Wir wohnten im »Haus am Meer«, »seinem« Haus, hatten aber mit den übrigen Gästen im Speisesaal zu essen und bekamen sehr mäßiges Essen, wohingegen Hauptmann köstliche Speisen auf die Zimmer hinaufgetragen wurden. Das Ganze war etwas verdrießlich.

Als er wieder einmal in München war, fuhren wir alle – Hauptmann, meine Schwägerin Frau Julia Löhr, die sehr etepetete war, und wir – in unserem Wagen, einem ziemlich großen Auto, nach Hause. Hauptmann war so ein bißchen überkandidelt, weil er wie gewöhnlich getrunken hatte, und wie meine Schwägerin ausstieg, sagte er ihr: Auf Wiedersehen, gute Frau.

Das hat sie sehr beleidigt. Sie sagte zu ihrem Bruder: Ich meine, »gute Frau« pflegt man doch nur der Putzfrau zu sagen, findest du nicht auch?

Sie war sehr auf gute Manieren aus, auf Lübecksche Art. Mein Mann hat sie auch etwas im »Faustus« geschildert mit einer der beiden Schwestern Rodde.

Als Hauptmann siebzig Jahre alt wurde, hat er diesen Geburtstag ein Jahr lang von Stadt zu Stadt gefeiert, und eines Tages war eben auch München an der Reihe. Wir hatten erst ein Essen in kleinem Kreise, Max Halbe, seine Frau und wir nahmen dran teil, der Champagner floß in Strömen, und Hauptmann war im besten Zuge. Da passierte es, daß er um ein Haar mit meinem Mann Brüderschaft getrunken hätte, denn er fing an: Also, Herr Mann – ich meine – wir beide, wir sind doch – wir sind doch Brüder, da könnte man doch – nicht wahr?

Kurzum: genug!

Er hat es nicht zu Ende gesagt. Aber da war er prächtig. Sie haben sich nicht geduzt.
Dann hat er immer solche Reden geführt: Also, ich meine, Krieg? Krieg? Abscheulich! Aber ich muß sagen: Krieg!
So ging es bis gegen sechs Uhr nachmittags; dann fuhren wir nach Hause, um uns umzuziehn. Für den Abend war eine Festvorführung der »Ratten« zu Hauptmanns Ehren angesetzt, und zuvor sollte Richard Billinger, ein Dichter bäuerlicher Herkunft, der ein Stück namens »Rauhnacht« geschrieben hatte, einen Vorspruch sprechen. Billinger wurde später von den Nazis eingesperrt, und wenn man ihm etwas schicken wollte, wurde verlangt, daß man als Grund der Haft widernatürliche Unzucht angab.
Billinger konnte mit seiner Rede nicht anfangen, der Vorhang konnte nicht hochgehen, alles wartete, denn, wer nicht kam, war Hauptmann. Die Vorstellung sollte um acht Uhr beginnen, doch der Gefeierte kam und kam nicht. Er schlief nach der Orgie. Schließlich erschien er mit halbstündiger Verspätung, und dann kam es doch noch zu einer sehr guten »Ratten«-Aufführung. Wir saßen mit ihm in der Loge, und er war wieder einmal sehr zudringlich und sehr nett. Er hatte ein kleines Faible für mich. Späterhin hat sich keine Gelegenheit mehr gefunden, ihn wiederzusehen. Zeitumstände, unterschiedliche Anschauungen sprachen dagegen. Wir emigrierten, mein Mann hatte gar keine Möglichkeit, sich nicht von Nazi-Deutschland zu distanzieren, Hauptmann blieb.
Der Zufall führte beide noch einmal in Zürich zusammen, aber es bestand auf beiden Seiten kein Bedürfnis

nach einem Treffen. In einem Geschäft, dem »London House« in der Zürcher Bahnhofstraße, probierte mein Mann im oberen Stock einen Anzug, als der Verkäufer kam und fragte: Wissen Sie, wer unten ist? Herr Gerhart Hauptmann. Möchten Sie ihn sehen?

Mein Mann sagte: Ach, da wollen wir vielleicht doch etwas andere Zeiten erwarten.

Worauf der Verkäufer ihm erwiderte: Genau das hat Hauptmann auch gesagt.

Sein Tod ist meinem Mann trotzdem nahegegangen. Die Frau hat uns in Gastein einmal den Hergang erzählt, wie die Russen Agnetendorf besetzten, das Haus verschonten und ihnen wegzufahren gestatteten. Es war ein Tod unter sehr traurigen Umständen, obwohl, so traurig die Umstände waren, alles viel schlimmer hätte sein können.

Bruno Walter war einer unserer besten Freunde. Von Wien aus kam er 1913 als Nachfolger von Felix Mottl nach München und war dort auf lange Jahre königlich-bayrischer Generalmusikdirektor und künstlerischer Leiter der Münchner Hofoper, bis er wegen der beginnenden nationalsozialistischen und antisemitischen Reaktion seine Stellung kündigte und frühzeitig sein Wanderleben begann.

Wir waren Nachbarn im Herzogpark. Es wohnten mehrere befreundete Familien in diesem Viertel, auch Hallgartens, mit deren einem Sohn Richard meine Kinder zeit seines Lebens befreundet waren.

Wir haben Bruno Walter auf sehr komische Weise kennengelernt. Seine Kinder, die beiden Mädchen, gingen zusammen mit Erika und Klaus in die Vorschule, die

Ebermayersche Privatschule. Weil sie ziemlich weit vom Herzogpark lag, war es so eingerichtet, daß die Kinder immer abwechselnd von einem der Kinderfräulein hinbegleitet und wieder nach Hause gebracht wurden.
Walters waren erst ganz kurz eingezogen, wir kannten Bruno Walter noch gar nicht persönlich, als er eines Tages bei uns anrief.
Ich sagte: Es freut mich, Sie kennenzulernen, Herr Walter. Was ist denn?
Ja, ich wollte nur einmal Folgendes sagen: es geht absolut nicht, daß Ihr Klaus meine Gretel auf dem Schulweg an den Haaren zieht. Das ist heute geschehen, und das dürfte doch eigentlich nicht vorkommen, nicht? Es hat mich sehr befremdet, daß Klaus dergleichen tun darf.
Darauf ich: Das ist mir ganz neu, und ich will die entscheidenden Schritte tun. Wir werden Klaus ermahnen, und er wird es bestimmt nicht wieder tun. Soll nicht wieder vorkommen, Herr Walter, tut mir leid.
Das war unsere erste Begegnung, dann waren wir zeit unseres Lebens sehr befreundet. Er war ein leidenschaftlicher Vater. Seine Tochter Gretel war ein besonders reizvolles Kind, Klaus übrigens auch. Nur wenn er bei Dr. Ceconi, dem Zahnarzt, war, benahm er sich widerspenstig. Bist ja ein ganz gewänlicher Lausbub! pflegte der ihm zu sagen. Er war Italiener und der Gatte von Ricarda Huch.
Bruno Walter dirigierte die sogenannten Akademie-Konzerte, die das Hoforchester gab, das gleichzeitig auch das Opernorchester war. Er wurde zum Konzert immer mit der zweispännigen Hofkutsche – von einem blau-livrierten Kutscher, einem Diener daneben – ab-

geholt, und da wir ganz in seiner Nähe wohnten und auch in die Konzerte gingen, holte er uns gewöhnlich ab, und so durften wir in der Hofequipage in die Akademie-Konzerte fahren.

Walter war ein sehr anregender, temperamentvoller, netter Mensch. Er hatte etwas Entwaffnendes und war in gewisser Weise auch ein naiver Mensch. Natürlich war er auch intelligent, aber es ging so mit ihm durch. Die Musik war mit ihm geboren. Das überraschte mich immer, und ich fragte mich, wie es möglich sei, daß die Musik einen Menschen so ganz und gar und jeweils neu hinreißen konnte. Immer wenn er ein Werk, eine Oper, eine Symphonie, ein Konzert neu einstudierte, war er vollkommen davon erfüllt. Er versetzte sich hinein, und dann war das betreffende Stück für ihn etwas ganz Hervorragendes. Er schätzte es, liebte es, bewunderte es, begeisterte sich. Und wenn er zu uns kam, spielte er stundenlang auf dem Klavier, sang dazu, erklärte die Handlung oder wies auf besondere Schönheiten hin: diese Passage, ehe Sie hingehen, muß ich Sie noch darauf aufmerksam machen. Dann kam die Passage, und er sang sie mit.

Das machte er öfters. Es war äußerst anregend. Er hatte als junger Mensch auch sehr viel Sinn für das Neue. In seinen Erinnerungen »Thema und Variationen« erzählt er, wie er am Konservatorium in Berlin großen Anstoß erregte, weil er sich sehr für Wagner einsetzte, was damals am Konservatorium noch nicht gestattet war. Später hat er sich mit allen Fibern für Gustav Mahler eingesetzt, den er ungeheuer verehrte. Mit Recht.

Vielleicht musizierte mein Mann sogar noch zu der Zeit.

Er spielte Geige, hatte eine ganz gute Geige und spielte auch gar nicht schlecht. Er hatte nur keine Technik, und auf die Dauer befriedigte es ihn nicht. Es widerte ihn an herumzudilettieren, da er nicht die Zeit zum Üben hatte. Er hat es dann aufgegeben. Manchmal hat er noch mit Ernst Bertram Beethoven-Sonaten gespielt. Die Geige hat Michael dann bekommen.

Klavierspielen hat mein Mann nie gelernt; aber er improvisierte nach dem Gehör, am liebsten »Tristan«. Er liebte die Musik und war, will man die Menschen in Augen- und Ohrenmenschen einteilen, eigentlich kein Augenmensch, aber doch insofern natürlich, als er jeden Menschen sofort vollständig erfaßte.

Sein größtes Interesse an den Künsten außerhalb des literarischen Schaffens galt zweifellos immer der Musik, was ja auch thematisch und strukturell in alle seine Werke eingegangen ist.

Zur Malerei hatte er kein sehr lebhaftes Verhältnis. Er merkte schon, was ein gutes Bild war, und besuchte auch gern eine Galerie, aber die Malerei kam doch erst an dritter Stelle. Nummer zwei war die Skulptur, Nummer eins die Musik. Er sagte immer, wenn er noch einmal auf die Welt käme, wäre er gern Dirigent geworden. Als er diesen Wunsch einmal Bruno Walter gegenüber äußerte, erwiderte der ihm: Ach, es ist doch so auch ganz gut; und er hat auch in seinem Buch über den Dichter Thomas Mann geschrieben: »Thomas Mann und die Musik! Beherrscht sie ihn nicht mehr, als er selber ahnt?«

G. M.: Wir waren sehr befreundet mit den Kindern von Bruno Walter, vor allem meine älteren Geschwister. Das war dann vor allem eine Halberwachsenen-Freundschaft, eine Freundschaft von *teenagers*, möchte ich sagen. Da war sie äußerst intensiv. Es kam dann auch zu gemeinsamem Theaterspiel.
K. M.: Aber das war doch auch etwas früher, denn du spieltest doch auch mit.
Sie – die Walterschen, die Hallgarten- und meine Kinder – hatten einen Theaterbund, den sie den Mimik-Bund nannten, und machten Aufführungen, über die einer der Erwachsenen gewöhnlich eine Kritik schreiben mußte. »Was Ihr wollt« haben sie gespielt, »Minna von Barnhelm« und verschiedenes anderes. Golo spielte die Dame in Trauer. Das ist mir unvergeßlich: »Empfangen Sie seine Belohnung, und meine Thränen.«
Als Dame in Trauer warst du unübertrefflich, acht Jahre alt und stieß't mit der Zunge an.
Mein Mann hat darüber eine Kritik geschrieben, die nicht veröffentlicht worden ist. Das Mimikbuch haben wir noch. Es ist nicht wie das andere, das Bilderbuch, verlorengegangen, das Heinrich und Thomas zur Konfirmation ihrer Schwester Carla gemacht hatten und das über die Maßen komisch war. Der jüngste Bruder Vico hat es an sich genommen, und es ist irgendwo abhanden gekommen.
G. M.: Über die Dame in Trauer erzählt auch Bruno Walter in »Thema und Variationen«. Die Besprechung des ersten Stücks, »Die Gouvernante« von Theodor Körner, ist sogar in der neuen Thomas Mann-Gesamt-

ausgabe gedruckt. Die ist sehr reizend, in der Art von Goethe-Parodie, was wir damals natürlich nicht wußten, wunderhübsch, väterlich und voller Ironie und entzückender Formulierungen.

K. M.: Er konnte ja sehr drollig sein. Hast du da auch mitgespielt?

G. M.: Nein. Das hat nur drei Rollen. Erika, Klaus und der Nachbarfreund, Ricki Hallgarten.

Ob unsere Erziehung sehr streng war, darf ich eigentlich in Gegenwart meiner Mutter gar nicht sagen. Es waren andere Zeiten, schließlich, meine Eltern stammten aus dem vorigen Jahrhundert.

K. M.: Nun, ich war doch nicht sehr streng. Ich war oft etwas ungeduldig. Ich arbeitete ja auch oft mit den Kindern. Wenn sie etwas nicht gleich verstanden, wurde ich etwas ungeduldig.

G. M.: Im übrigen war die Arbeitsruhe unseres Vaters natürlich die Hauptsache im Haus. Vielleicht haben wir darunter auch ein bißchen gelitten.

K. M.: Im ganzen hatten sie eine ganz nette Kindheit. Schon allein die Tatsache, daß sie so viele waren und sich untereinander verstanden, machte, daß sie immer Gesellschaft hatten. Das Haus war groß. In den Zimmern im dritten Stock konnten sie ziemlich unter sich sein. In Tölz, wo wir das Landhaus hatten, war der große Garten, und dann fuhren sie mit dem Leiterwagen die Dorfstraße runter und hatten ihre Spiele. Wenn wir im Herzogpark spazierengingen – die beiden anderen waren doch wesentlich größer und hatten längere Beine –, sagte der Golo immer: Klaus, lauf net so schnell, sonst fällt der arme Gololo hin!

G. M.: Wir waren auch zu viert – die älteren vier Kinder – zeitweise eine Gruppe in unserem Wohnviertel, eben dem sogenannten Herzogpark, die Schrecken verbreitete. Mein Vater hat einmal furchtbar gelacht, als eine Gruppe von Kindern ihm in wilder Flucht entgegenstürmte, schreiend: Die Manns kommen! Die Manns kommen!

K. M.: Ihr hingt eigentlich recht zusammen.

G. M.: Es gab das Paar Erika und Klaus, es gab auch das Paar Klaus und ich. Mindestens die ersten zehn, zwölf Jahre. Dann kam eine Zeit, in der der Altersunterschied sich zu sehr auswirkte, als ich vierzehn und er sechzehn oder siebzehn war. Aber in der eigentlichen Kindheit haben wir auch viel zusammen gespielt, und er ging immer mit mir herum und erzählte mir Romane, die er improvisierte und an die ich mich heute noch erinnere. Er las mir auch seine Sachen vor und schrieb in seine Schulhefte Dramen und Lustspiele, die er an das Volkstheater in München schickte. Er nannte sich Karl Trebitsch, ich weiß nicht, warum er sich so nannte. Dann mußte ich, neun Jahre alt, barfuß, zum Volkstheater gehen und sagen: Ich bin der Neffe von Karl Trebitsch und soll mich erkundigen, wie es mit dem Stück steht. Und drang wirklich zu irgendeinem Lektor vor, der sagte: Wo habe ich jetzt den Blödsinn hingetan? Und gab mir's dann, warf mir's hin und sagte: Also, herkommen braucht dein Onkel nicht. Da hast es. Das erzählte ich ihm dann, und er sagte: Na ja, er hat doch immerhin gewußt, wo das Heft war; und war nicht ganz unbefriedigt von mir. Wir haben uns ganz gut verstanden in diesen Jahren.

K. M.: Ich habe immer gewollt, daß einer einen gut bürgerlichen Beruf ergreift, Arzt oder Ingenieur, und das haben sie alle nicht getan. Schriftsteller! Historiker geht ja noch.

G. M.: So gerade, knapp. Zum Ingenieur hätte ich mich sicher nicht geeignet, zum Arzt weiß ich nicht. Es ist schade, ich bedaure es eigentlich selber, daß diese intellektuellen Berufe sich in einer Familie durch die Generationen fortpflanzen. Ein Enkel meiner Mutter ist Gärtner geworden, und ich sehe das eigentlich sehr gern. Übrigens wollte ich immerhin Lehrer werden, ich war mitten im Staatsexamen 1933, als ich mehr oder weniger gezwungen wurde abzureisen.

K. M.: Erika hatte die »Pfeffermühle« und war Schauspielerin. Klaus war Schriftsteller, wozu er sicher geboren war, was aber für ihn, als Sohn seines Vaters, nicht günstig war. Es war für ihn sehr erschwerend, erst erleichternd, aber dann erschwerend. Michael war Musiker und wurde erst sehr spät seriös, Professor für Germanistik in Berkeley.

G. M.: Jetzt ist er ja seriöser als ich. – Aber man kann Disziplin in jedem Beruf, auch in dem unsichersten haben, und darin gab mein Vater doch entschieden ein Beispiel und wußte das übrigens auch. Er sagte immer, er glaubt nicht an verbale Erziehung, aber er glaubt an Erziehung durch Beispiel, und das, muß man ihm lassen, hat er auch gegeben.

K. M.: Ich habe auch immer gesagt: das Wesentliche ist die Atmosphäre eines Hauses. Das wirkt auf die Kinder. Und da wir, mein Mann und ich, uns nie zankten und eine ganz harmonische Atmosphäre herrschte, war es auch für die Kinder nicht ungünstig.

G. M.: Es ist kaum zu entscheiden, ob das Stück geerbtes Talent wichtiger ist oder das Aufwachsen in einer

Nazi-Deutschland – das ging ein bißchen weit. Dann entstand ein vollständiges Vakuum, sie korrespondierten auch nicht mehr miteinander. Erst im Jahre 1954 haben wir Bertram wiedergesehen.

Ein anderer Freund des Hauses war Josef Ponten. Sein erstes Buch »Der babylonische Turm«, es war ein Roman, fand mein Mann sehr begabt. Er hat Ponten darüber nett geschrieben und seine Bekanntschaft gemacht. Ponten war ein so komischer Mensch; er war von Ehrgeiz verzehrt, und das Leiden seines Lebens war, daß er sich ständig an Thomas Mann maß und ihn auch unbedingt noch übertreffen wollte.

Er hat gelegentlich zu meinem Mann gesagt: Ich schreibe jetzt etwas, das wird ein Zauberberg. Nein, das wird ein Zaubergebirge! Er plante ganz groß. Er hatte eine gewisse Begabung, aber sein Ehrgeiz hat ihn zerstört. Er hatte eben zu weitreichende Absichten. Er wollte die Geschichte einer deutschen Familie schreiben, die in verschiedene Teile der Welt auswandert, und deren einzelne Zweige wollte er verfolgen. »Volk auf dem Wege – Roman der deutschen Unruhe« sollte das Mammutgebilde heißen. Aber es ist gar nichts draus geworden.

Es war geradezu pathologisch, daß er sich immerfort mit Thomas Mann verglich. Einmal sagte er ihm: Ich bin ein Dichter, und Sie sind ein Schriftsteller. Nein, ich bin beides.

Er sagte einem überhaupt so furchtbar gern unangenehme Dinge. Es kam der fünfzigste Geburtstag meines Mannes, und da ist es ja Sitte, daß jemand auf die Frau des Gefeierten spricht. Die Damenrede hatte Ponten

übernommen und hat es, glaube ich, auch ganz nett gemacht. Dann, nach dem Diner fragte er mich: Wissen Sie auch, warum ich die Rede auf Sie gehalten habe?
Nein. Ich denke mir, weil Sie eine sehr gute Meinung von mir haben.
Nein, aber in ganz München war keiner zu finden, der es tun wollte.
Solche Sachen sagte er immer.
Als mein Mann den Nobelpreis bekam, war Ponten in Amerika. Dann kam er zurück und besuchte uns. Mein Mann hatte inzwischen den Preis bekommen und sagte so etwas wie: Na ja, es muß einen ja mal treffen. Ich halte das nicht für eine Auszeichnung, das kann jedem mal passieren.
Darauf Ponten: Ach, wissen Sie, Mann, Sie müssen das nicht unterschätzen. Wie ich in Amerika war und Sie den Preis bekamen, bin ich öfters mal gefragt worden: *who is Thomas Mann?*
Er hatte diebischen Spaß daran.
Nun, der Nobelpreis kam nicht als vollkommene Überraschung, für niemanden. Es war schon längere Zeit davon die Rede, und bereits das Jahr vorher war Thomas Mann als Kandidat genannt. Eine entscheidende Stimme für die Verteilung des Nobelpreises hatte ein Germanist namens Böök, Professor Böök. Professor Böök mochte den »Zauberberg« nicht. Als das Buch 1924 erschien, schrieb er, dieses Buch sei so eindeutig und ausschließlich deutsch, daß es in keine fremde Sprache übersetzt werden würde, schade. So schrieb er dann auch meinem Mann. Nun, das Buch, das »in keine fremde Sprache übersetzt werden konnte«, wurde in alle Sprachen übersetzt und war ein ausgesprochener Welt-

erfolg, der erste meines Mannes. In Amerika ist es heute noch *a classic.* Vorher war Thomas Mann zwar schon bekannt, aber der »Zauberberg« hat tatsächlich seinen internationalen Ruf überhaupt erst begründet. Deswegen hat er auch den Preis bekommen. Aber der rechthaberische Herr Böök wollte das nicht wahrhaben, und in der Urkunde steht eben auch, in erster Linie sei Thomas Mann der Preis wegen der »Buddenbrooks« verliehen worden. Es war eine Narretei von Böök und außerdem der reine Unsinn, denn die »Buddenbrooks« sind schließlich 1901 erschienen. Also hätten sie ihm den Preis schon fünfundzwanzig Jahre vorher geben können. 1929 lag dafür kein Anlaß mehr vor. Aber Böök wollte es nicht zugeben. Übrigens war er nachher ziemlich nazifreundlich und hatte dann auch ein unangenehmes Leben in Skandinavien.

Bondi telefonierte sofort von Stockholm aus; und ich fuhr zur Preisverteilung mit. Es war doch immerhin, was man hier »einmalig« nennt, denn es kam nur einmal vor und war eigentlich sehr interessant. Die anderen Preisträger waren auch da. Für Physik war es Duc de Broglie, ein bedeutender Physiker aus Paris, und die anderen waren Amerikaner. Einer von ihnen stand so da, mit den Händen in den Taschen, und sagte ganz frech und dumm: *I can't see any particular reason why I should have the prize, but anyway, it is a great pleasure for me to be here.*

Bei der eigentlichen Feier war es natürlich sehr festlich, aber auch sehr komisch. Da saß der König in seinem Stuhl, Thronstuhl. Die Preisträger waren alle im Frack und sprachen ein paar Worte. Dann wurden sie, einer nach dem anderen, aufgerufen, mußten sich dem Thron-

stuhl nähern, und König Gustav übergab ihnen das Diplom. Als aber dann der französische Duc das Diplom bekam, stand der König auf und ging ihm ein paar Schritte entgegen. Das fand ich falsch.
Dann war das Diner, das Festdiner. Da war es so, daß der König nur neben Personen von Geblüt sitzen konnte; nicht etwa neben der Gattin eines Preisträgers oder irgendeinem der sonstigen Ehrengäste, sondern es mußten hochadlige Damen sein, denn es war ein großes Diner. Da saß er also zwischen zwei ollen Morcheln, zwei Prinzessinnen. Der Tisch war sehr festlich gedeckt, ein prachtvolles Damasttischtuch lag auf, und wir aßen alle von silbernen Tellern. Der König hatte jedoch auf diesem Damast ein extra Spitzendeckchen, und er speiste ganz allein von Gold. Viele Diener reichten die Speisen herum, aber hinter dem König stand sein Leibjäger, der ihn persönlich bediente. Das waren also die Sitten. Allen anderen wurde von verschiedenen Dienern serviert, aber der König mußte von seinem Leibjäger bedient werden und vor seinem goldenen Teller zwischen seinen Morcheln sitzen. Es war komisch, aber es war auch alles sehr schön und festlich, und wir waren natürlich in gehobener Stimmung.
Ein ganz guter Journalist war dort, ich denke, ein jüdischer Journalist vom »Berliner Tageblatt«, der zu uns sagte: Sie lassen das Geld doch in Stockholm stehen? Sie werden es hoffentlich nicht nach Deutschland mitnehmen?
Wir sagten: Wieso? Das müssen wir doch? Wir dürfen es doch gar nicht hier lassen?
Er wollte uns gut beraten: Ach, lassen Sie es doch draußen stehen. Ich würde es unbedingt tun.

Wir haben es natürlich restlos mit allem übrigen verloren, als wir 1933 emigrierten.
Wir sind, ein Jahr nach dem Nobelpreis, nach Ägypten gereist. Mein Mann arbeitete schon an »Joseph und seine Brüder« und wollte gewissermaßen eine Kontrollreise machen. Er war schon einmal vorher in Ägypten gewesen, aber ich glaube, nur in Kairo. Damals hatten ihn die Stinnes-Linien eingeladen, als ihr Ehrengast eine Mittelmeerreise zu machen. Bei der Reise, die wir dann machten, sind wir den ganzen Nil hinaufgefahren bis Assuan, und er hat sich alles angesehen, was er wollte, und es stimmte auch alles. Wir waren auch noch in Palästina, aber ich kriegte schon in Kairo eine Amöbenruhr und blieb eine Weile im Hospital liegen. Mein Mann fuhr allein, weil er in Jerusalem einen Vortrag zu halten hatte. Als ich dann nachreiste, war er krank, aber nicht sehr. Ich jedoch bekam gleich einen Rückfall und habe von Jerusalem überhaupt nichts gesehen. Ich lag die ganze Zeit im deutschen Hospital in Jerusalem im Bett.

V

Thomas Mann hat, wenn er ein Buch schrieb, nie daran gedacht, was es für eine Wirkung auf Menschen hätte, die er mehr oder weniger als Modelle benutzt hatte. Er sagte mir auch immer mit Recht: ich habe den doch gar nicht gemeint. Ich habe Züge von dem benützt, die mir für diese Figur paßten.

Zuerst haben die Lübecker ihm doch die »Buddenbrooks« so enorm übelgenommen: »ein Vogel, der sein eigenes Nest beschmutzt«, etc.; und dann hat Holitscher diese alberne Geschichte mit dem Fernglas in die Welt gesetzt; die Geschichte ist rein erfunden. Holitscher hat Thomas Mann zwar äußerlich als Modell zum Detlev Spinell im »Tristan« vorgeschwebt, aber er hat niemals auf dem Balkon gestanden und ihm mit dem Operngucker nachgesehen. Das hatte er gar nicht nötig.

Seine Pläne hat er mir von Anfang an mitgeteilt, soweit er sie hatte. Als wir verlobt waren, hat er schon viel über »Fiorenza« gesprochen, daran arbeitete er damals gerade, und von »Königliche Hoheit« hat er mir erzählt. Die Idee zu dem Buch ist jedoch nicht erst durch Verlobung und Ehe entstanden. Er hat die Tätigkeit des Schriftstellers immer ein bißchen als repräsentativ und symbolisch aufgefaßt und, in Briefen an Walter Opitz und Heinrich steht es, wiederholt, es sei eigentlich etwas Fürstliches daran. Sicherlich ist die Fürstennovelle auch der Roman seiner jungen Ehe. Thomas Mann hat es auch später gesagt. Das stimmt schon, nicht in Einzelheiten, aber in großen Zügen.

Mein Vater war ein großer Sammler von Renaissance-

Kunstgegenständen, sowohl Silber wie Fayence. Thomas Mann hat das in »Königliche Hoheit« in eine Glassammlung verwandelt, und er hat den wenig entgegenkommenden Charakter meines Vaters, der immer etwas kränklich, wirsch und ungeduldig war, verwendet. Ich würde sagen, daß das Porträt meines Vaters mit dem alten Spoelmann deutlicher getroffen ist als das der Imma für mich. Auch wenn Thomas Mann dabei ziemlich wesentlich an mich gedacht hat, ist es nach meinen Ansichten ein ganz schiefes Porträt. Imma ist ein bißchen zu schnippisch, so war ich eigentlich nicht. Ich habe schon mal ganz gern ein bißchen Überlegenheit durchblitzen lassen, doch Imma ist zu outriert nach meiner Meinung – aber ich kenne mich ja nicht so genau. Kurzum, er hat da Vater und Tochter sehr stilisiert porträtiert. Und daß ich nicht wollte, »daß mein Väterchen darbt«, habe ich auch nie gesagt.

Die erste Begegnung der Imma mit Klaus Heinrich steht für die wahre Episode in der Trambahn, wo ich dem Schaffner die gebührende Antwort erteilte. Dann gibt es Verwandtschaften bei den Teebesuchen, bei der Geschichte mit dem Guttaperchapapier, das mein Vater meinem Mann wirklich einmal holen ging, und beim ersten Ausritt, für die unsere Radtour die Vorlage hergab. Aber unseren kupplerischen östlichen Ignatz mit seinem »Fräulein Katju sind im Garten« hat er ausgespart.

Transponiert ist alles, und besonders zwischen dem Prinzen Klaus Heinrich und Thomas Mann besteht doch ein gewaltiger Unterschied. Da hören die Bezüge zur Wirklichkeit auf, obwohl Klaus Heinrichs Verhältnis zu Albrecht eine gewisse Ähnlichkeit aufweist mit Thomas Manns Verhältnis zu seinem Bruder Heinrich und auch die Beziehungen zu Lula, seiner älteren Schwester, leicht anklingen. Völlig frei erfunden sind die Minister. »Königliche Hoheit« hat ihm niemand groß vorgehalten, aber berühmt für viel Aufhebens um nichts ist die Geschichte »Wälsungenblut«:

Mein Zwillingsbruder und ich sind zusammen aufgewachsen und standen uns, wie es ganz selbstverständlich ist, sehr nah. Auch verband Klaus zeit seines Lebens ein herzliches Verhältnis mit meinem Mann; allerdings sagte dieser öfters zu ihm: Also, Klaus, weißt du, du bist genau das, was ich unter einem Närrchen verstehe. So seine Eigentümlichkeiten hatte er ja, was aber die Beziehung zwischen den Schwägern nie getrübt hat.

Nun hatte mein Mann diese Geschichte mit den Zwillingen geschrieben. Erstens war das Milieu total verändert: mein Vater war nicht ein kleiner Parvenu wie in der Novelle, sondern in Wirklichkeit ein sehr angesehener Gelehrter und Kunstfreund. Die gesellschaftliche Rolle, welche meine Eltern in München spielten, hat mit der jener »Aarenholds« in der Novelle nichts zu tun.

Zweitens scheint mir die autobiographische Deutung schon rein psychologisch vollkommen blödsinnig. Wenn Thomas Mann den Eindruck gehabt hätte, zwischen mir und meinem Bruder bestünde eine unerlaubte Beziehung, hätte er sich sofort von mir getrennt oder es verschwiegen, aber es doch nicht in einer Novelle der Welt bekanntgegeben. Es war sonnenklar, daß etwas Derartiges nicht bestanden haben konnte. Aber wie die Leute dann sind. Es war ein furchtbarer Klatsch, er kam

an meine Eltern heran. Mein Vater war ganz außer sich und sagte: Die Geschichte kann überhaupt nicht erscheinen. Das ist ja ganz skandalös!
Die Nummer der »Neuen Rundschau«, in der die Novelle abgedruckt war, wurde dann zurückgezogen. – Erst sechzehn Jahre später, 1921, erhielt die Erzählung ihren legitimen Platz unter den anderen Novellen.

Thomas Manns Pläne waren eigentlich immer viel bescheidener als dann die Ausführung. Der »Zauberberg« sollte eine Novelle werden, der »Joseph« sollte eine Novelle werden – und was wurde daraus? Brecht, dieser verschlagene und ironische Kopf, hatte mit seinem *bonmot* vom »Kurzgeschichtenschreiber Thomas Mann« in diesem Punkte gar nicht so unrecht.
Die Sachen hatten ihren eigenen Willen, sie machten sich selbständig, und mein Mann wußte nie, wie umfangreich sie werden würden. Zum Beispiel hatte er gar nicht beabsichtigt, den »Tod in Venedig« zu schreiben, und auch nicht gedacht, ein volles Jahr an dieser Novelle zu arbeiten. Ursprünglich wollte er etwas ganz anderes machen. Sein Plan galt einer Goethe-Novelle. Er wollte über Goethes letzte Liebe in Marienbad schreiben. Es sollte eine humoristische Entwürdigung und Korrumpierung des Meistertums werden. Aber damals hat er sich einfach nicht getraut, Goethe auf die Beine zu stellen. Er glaubte, er sei einer solchen Aufgabe noch nicht gewachsen, und hat die Goethe-Novelle transponiert in den »Tod in Venedig«. »Lotte in Weimar« ist ja sehr viel später geschrieben. Da hat er es dann gewagt. Mit dem »Tod in Venedig« ist es eine ganz komische Geschichte, insofern als sämtliche Einzelheiten der Erzäh-

lung, von dem Mann auf dem Friedhof angefangen, passiert und erlebt sind.
Nicht wahr, im Frühjahr 1911 planten wir eine dalmatinische Reise zu machen. Weil es uns sehr empfohlen worden war, sind wir erst nach Brioni gegangen. Das wird ja auch erwähnt. Es gefiel uns nicht sehr. Erstens hatte es keinen Sandstrand, und zweitens war die Mutter des späteren Kaisers Karl von Österreich dort als Kurgästin. Diese Erzherzogin hatte die geschmackvolle Eigenheit, immer zwei Minuten, nachdem alle schon saßen, zu Tisch zu kommen. Man aß in dem großen Saal des Hotels, *table d'hôte*, an verschiedenen Tischen. Da erhob sich die ganze Gesellschaft, Ausländer inbegriffen, bei ihrem Eintritt, und dann ging sie immer zwei Minuten vor Schluß weg; die ganze Gesellschaft stand wiederum auf. Das war wirklich sehr lästig und verdroß uns.
Wir fuhren mit dem Dampfer nach Venedig. Mein Mann hing über die Maßen am Lido und an Venedig. Wir waren oft dort; sonst waren wir immer mit der Eisenbahn gekommen. Auf dieser Reise kamen wir zum ersten Mal von der See aus herein, und auf dem Schiff war tatsächlich auch der greise Geck, ein offenbar geschminkter und hergerichteter älterer Herr, umgeben von jungen Leuten. Die tobten und machten Unsinn.
Wir kamen an und suchten eine Gondel, die uns herüberfährt nach dem Lido. Es kam auch gleich einer und erklärte, er wäre bereit, uns zu fahren. Und wie wir aussteigen und ihn bezahlen, kam ein Dortiger und sagte: Der hat ja gar keine Konzession. Da haben Sie Glück gehabt, daß Sie keine Unannehmlichkeiten hatten!

Also, dieser greise Geck war da, und der Gondoliere war da.
Dann gingen wir in das Hotel-des-Bains, wo wir reserviert hatten. Es liegt am Strand, war gut besucht, und bei Tisch, gleich den ersten Tag, sahen wir diese polnische Familie, die genau so aussah, wie mein Mann sie geschildert hat: mit den etwas steif und streng gekleideten Mädchen und dem sehr reizenden, bildhübschen, etwa dreizehnjährigen Knaben, der mit einem Matrosenanzug, einem offenen Kragen und einer netten Masche gekleidet war, und meinem Mann sehr in die Augen stach. Er hatte sofort ein Faible für diesen Jungen, er gefiel ihm über die Maßen, und er hat ihn auch immer am Strand mit seinen Kameraden beobachtet. Er ist ihm nicht durch ganz Venedig nachgestiegen, das nicht, aber der Junge hat ihn fasziniert, und er dachte öfters an ihn.
Heinrich, der auch mit von der Partie war, wollte immer, daß wir wegführen, irgendwohin ins Gebirge. Wir sind ungern weggereist, aber weil er so gern nach einem Ort im Apennin (der Name ist mir entfallen) fahren wollte, haben wir eingewilligt. Es war recht ungemütlich dort. Wir wohnten in einem Hotel ohne moderne Kommoditäten, was mich schon sehr störte, und dann sagte der Hotelbesitzer ständig, um uns hinzuhalten: Die schöne Villa wird in zwei Tagen frei, dann könnten wir hinüberziehen, und dann wäre es wunderschön.
Es wohnten Engländer darin. Einmal ging ich zu ihnen und fragte sie, wie es denn sei und wann sie zu reisen gedächten.
Oh, that's quite uncertain, when we are leaving. We don't know yet.

Und ich sagte: *I would be glad to know it because we are waiting for these rooms, you know.*
Oh, he keeps you waiting, that's clear!
Nun, wir reisten schnell wieder ab und fuhren triumphal nach Venedig zurück. Außerdem war Heinrichs Koffer verlorengegangen, was auch noch ein Grund zur Rückreise war, und mein Mann war selig, daß wir wieder am Lido waren. Die polnische Familie wohnte noch im Hotel. Eines Abends kam auch dieser etwas obszöne neapolitanische Sänger. Dann reisten so viele Leute ab, und es gingen Gerüchte um, es sei Cholera in der Stadt. Es war keine schwere Epidemie, aber mehrere Fälle gab es doch. Wir haben es zunächst gar nicht gewußt und uns um die Abreisen nicht sehr gekümmert. Wir gingen zu Cook, um unsere Rückreise zu verabreden, und da sagte uns der redliche englische Angestellte im Reisebüro: Wenn ich Sie wäre, würde ich die Schlafwagen nicht erst für in acht Tagen bestellen, sondern für morgen, denn, wissen Sie, es sind mehrere Cholera-Fälle vorgekommen, was natürlich verheimlicht und vertuscht wird. Man weiß nicht, wie weit es sich ausbreiten wird. Es wird Ihnen doch wohl aufgefallen sein, daß im Hotel jetzt viele Gäste abgereist sind.
Das war ja auch der Fall, und wir fuhren weg. Die polnische Familie war schon einen Tag vorher gefahren.
In seinen Einzelheiten ist also alles erlebt, aber niemand außer Thomas Mann hätte wohl daraus diese Geschichte vom »Tod in Venedig« machen können. Mein Mann hat das Wohlgefallen, das er tatsächlich an diesem sehr reizvollen Jungen empfand, auf Aschenbach übertragen und zu äußerster Leidenschaft stilisiert. Und ich weiß noch, daß mein Onkel, Geheimrat Fried-

berg, ein sehr berühmter Kirchenrechtslehrer in Leipzig, ganz empört gesagt hat: Na, so eine Geschichte! Und ein verheirateter Mann! Schließlich ist er Familienvater!

Nun hatte die Sache noch ein ganz drolliges Nachspiel. Der »Tod in Venedig« war ein großer Erfolg, besonders in Amerika, und die Novelle gehört sicher zu den besten meines Mannes. Vor wenigen Jahren bekam Erika einen Brief von einem älteren polnischen Aristokraten, einem Grafen, dessen Namen ich vergessen habe, der schrieb, ihm sei etwas sehr Komisches passiert. Vor einiger Zeit hätten Freunde ihm die polnische Übersetzung einer Novelle gebracht, wo er selbst, seine Schwestern, seine ganze Familie aufs Haar genau geschildert seien; das hätte ihn doch sehr amüsiert und intrigiert. Aber er war nicht beleidigt. Das war dann der Ausklang der ganzen Begebenheit.

Äußerlich trägt Gustav Aschenbach die Züge von Gustav Mahler, nicht wahr? Das liegt daran, daß mein Mann die Geschichte in Venedig konzipierte und Mahler damals im Sterben lag. Die Zeitungen brachten wirklich alle paar Stunden Bulletins über sein Befinden, jede kleine Besserung, jede Verschlechterung wurde detailliert gemeldet, wie bei einem regierenden Fürsten. So wurde er geehrt.

Die Art, wie sein Tod zelebriert wurde, hat meinen Mann so mit auf ihn gebracht, daß er tatsächlich bei der äußeren Schilderung von Aschenbach ein bißchen ein Porträt von ihm gemacht hat. Im Mai 1911 ist es gewesen.

Später hat der Bruder des berühmten Physikers Max Born, Wolfgang Born, der Künstler und Professor für

Kunst und Kunstgeschichte war, dann auch nach Amerika emigrierte, Illustrationen zum »Tod in Venedig« gemacht, und Aschenbach ohne Kenntnis des »Modells« ebenfalls Züge von Gustav Mahler gegeben. Das war für eine illustrierte Ausgabe, die nie im Buchhandel erschien.

Meine Eltern kannten Mahler, und wir kannten ihn auch. Mein Zwillingsbruder Klaus, der Musiker geworden ist und Mahler leidenschaftlich verehrte, ging als Volontärassistent und Korrepetitor für ein oder zwei Jahre zu ihm an die Wiener Oper. Ich weiß noch, als Mahler zu einem Konzert in München war, kam er auch zu uns zum Tee in die Mauerkircherstraße. Er war so komisch steif. Ich sagte ihm: Ich sollte Ihnen auch herzliche Grüße von meinen Eltern ausrichten.

Worauf er sagte: Bitte, erwidern Sie dieselben.

Das ist mir unvergeßlich.

Ein anderes Mal gingen wir in die Generalprobe von seiner Achten Symphonie, die er damals selbst in München uraufführte. Er brauchte irgendein ganz besonderes Instrument, das nicht regulär im Orchester vorrätig war – vielleicht ein Glockenspiel – und von der Oper ausgeliehen werden mußte. Mahler schickte den Saaldiener, und als der zurück war, fragte er: Aber was ist denn nun mit dem Glockenspiel?

Ja, Herr Generalmusikdirektor Mottl bedauert sehr, er braucht das Instrument heute abend selber.

Darauf erwiderte Mahler dem Mann: Sagen Sie Herrn Generalmusikdirektor einen schönen Gruß, ich führe meine Symphonie so oder so auf.

Thomas Mann sagte mir damals, bei Gustav Mahler wäre es eigentlich das erste Mal, daß er das Gefühl habe, einem großen Mann zu begegnen. Mahler hatte etwas sehr Intensives. Man hatte den Eindruck einer ungeheuer starken Persönlichkeit; es ist schwer zu definieren, worin es lag. Das Disziplinierte und Konzentrierte, wie Aschenbach es hat, hatte er wohl weniger. Das war mehr das Subjektive in Aschenbach – wie er diejenigen Werke, die Thomas Mann für sich geplant, aber niemals ausgeführt, dann auch dem Aschenbach zugeschrieben hat.

Der »Friedrich«-Roman war ein Buch über Friedrich den Großen, das er nicht geschrieben hat. Er schrieb im Krieg nur »Friedrich und die große Koalition«; es hat verschiedene Gründe gehabt, warum ihm die Lust zum Roman verging.

Der »Maja«-Roman war irgendein ganz fernes Konzept. Die beiden anderen Werke, »Friedrich« und »Ein Elender«, standen ihm näher. Den »Elenden« hätte er gerne geschrieben. Thomas Manns Polemik gegen Lessing, den Philosophen und Mediziner Theodor Lessing, der auch Kritiken schrieb, ist doch bekannt? Lessing schätzte er aus verschiedenen Gründen nicht. Es sollte beim »Elenden« eine Figur à la Lessing im Mittelpunkt stehen. Um die Zusammenhänge zu verdeutlichen, muß ich ein bißchen zurückgreifen, bis in die Zeit der »Buddenbrooks«. Als das Buch erschien, war es im ersten Jahr kein Erfolg. Die Erstausgabe hatte nur auf den Kritiker Samuel Lublinski Eindruck gemacht, der damals in seiner Besprechung im »Berliner Tageblatt« den sehr oft zitierten Satz geschrieben hatte: Dies Buch wird wachsen mit den Jahren und noch von Generationen gelesen werden; was sehr hellsichtig war. Niemand sonst hatte es gemerkt. Mein Mann war Lublinski

infolgedessen außerordentlich dankbar. Er war dankbar von Natur, und wenn jemand ihm etwas Gutes erwies, vergaß er es nicht.
Dann wurde Lublinski von Theodor Lessing in einem unverschämt absprechenden Artikel beleidigt. Ich weiß nicht warum. Es fing so an: Die Wiege von Herrn Lublinski stand ja vermutlich in Krotoszyn und ging in einem hämischen und antisemitischen Ton weiter, der Lessing gar nicht zu Gesicht stand, weil er selbst Jude war. Mein Mann hat sich rasend darüber geärgert, so daß er daraufhin einen sehr beleidigenden Artikel gegen Lessing schrieb, den »Doktor Lessing«. Es hieß darin: Herr Lessing, von dem man überhaupt nicht weiß, ob er eine Wiege gehabt hat, hielt es für richtig, Herrn Lublinski in dieser Weise zu kränken; und der Schluß war: Wie kommt dieser benachteiligte Zwerg dazu, aggressiv zu werden?
Lessing war völlig außer sich und schickte meinem Mann ein Telegramm: Vor weiterem habe ich auch namens der Meinen anzufragen, ob Sie bereit sind, für Ihre Ansichten mit der Waffe einzutreten.
Mein Mann zeigte es meinem Vater und sagte: Was soll ich denn dem Kerl nun antworten?
Mein Vater sagte: Ich würde telegrafieren: Ihr Telegramm widerspricht jedem Herkommen und ist mir unverständlich. Man schickt seinen Sekundanten, aber fragt doch nicht telegraphisch, ob einer bereit sei sich zu schlagen, und für den Fall, daß er es bei einer solchen vorläufigen Anfrage nicht ist, fordert man ihn vielleicht?
Nun, mit Theodor Lessing war seitdem Todfeindschaft. Aber es gab noch einen anderen Grund, weshalb mein

Mann ihn so verächtlich fand. Lessing hatte eine sehr hübsche, große, blonde, germanische Frau, eine Adlige, die sich von ihm, als er Hauslehrer in ihrem Hause war, hatte entführen und heiraten lassen. Sie verehrte in ihm das geistige Prinzip. Dann war er Lehrer in Haubinda, einer der ersten »Freien Schulgemeinden«, und einer der Schüler hatte ein Liebesverhältnis mit ihr. Lessing hat es gewußt und geduldet; wahrscheinlich nicht nur das, er hat sich vielleicht auch daran ergötzt. Deshalb war er der »Elende«. Aber eine gute Idee hatte er, die heute recht aktuell wäre. Er wollte immer einen Antilärm-Verein gründen. Das war wirklich ein sehr fruchtbarer Gedanke; denn es ist doch unerhört, was man den Menschen heute zumutet. Autoritäten haben wir genug, aber zu was haben wir sie denn?

VI

1912 bekam ich eine kleine Lungenaffektion. Es war ein Lungenspitzenkatarrh, eine verschleppte, geschlossene Tuberkulose, aber ich mußte verschiedene Male zum Kuraufenthalt ins Hochgebirge. Man schickte mich zuerst auf ein halbes Jahr, von März bis September 1912, ins Waldsanatorium nach Davos, im nächsten Jahr auf eine Reihe von Monaten nach Meran und Arosa, und zuletzt, das war aber nach dem Krieg, nochmals sechs Wochen nach Clavadel bei Davos. Aber ich war nicht schwer krank. Es bestand keine Lebensgefahr, und möglicherweise wäre die Geschichte, wären wir nicht zu Sanatoriumsaufenthalten in der Lage gewesen, von selbst wieder gutgeworden, was weiß man. Es war Sitte, wenn man die Mittel dazu hatte, wurde man nach Davos oder Arosa geschickt.

Mein Mann hat mich im Sommer 1912 in Davos besucht und war von dem ganzen Milieu so impressioniert, auch von allem, was ich ihm so erzählte, daß er gleich daran dachte, über Davos eine Novelle zu schreiben, quasi als groteskes Nachspiel und Gegenstück zum »Tod in Venedig«. Aus der geplanten Novelle wurde dann der »Zauberberg«. Das Werk hatte wieder einmal gewollt.

Er hatte auch immer ein Triptychon geplant, eine Novelle über Erasmus, eine über Joseph und eine über Philipp den II., die zusammen einen bescheidenen Band ausmachen sollten. Auch da hatten die Dinge ihre eigenen Pläne. Aus der einen Novelle wurde eine Tetralogie und zu den anderen ist es nicht gekommen.

Nun, er besuchte mich in Davos, und schon seine Ankunft war eigentlich ziemlich genau wie die Ankunft von Hans Castorp. Er stieg auch in Davos-Dorf aus, und ich holte ihn unten ab, genau wie sein Cousin Ziemssen es tut. Dann gingen wir zum Sanatorium hinauf und haben so endlos geschwätzt wie die Vettern. Ich war doch schon monatelang dort und legte los, erzählte hundert Sachen und habe immer wieder gesagt: es ist doch so nett, daß man endlich wieder mit jemandem reden kann.

Dann habe ich ihm die verschiedenen Typen gezeigt; ich hatte sie ihm auch geschildert. Er hat sie dann bloß mit Veränderung der Namen verwendet.

Zwei Bekannte von mir, die eine, Frau Plür, und ihre Freundin, Frau Maus, hat Thomas Mann als »Frau Stöhr« und »Frau Iltis« übernommen. Sie waren wirklich so. Unbezahlbar. Frau Plür war so furchtbar ordinär; und mich erstaunte es auch (ganz wie Hans Castorp), daß man so krank und dabei so ordinär sein konnte. Die wirklichen Namen der beiden Damen Plür und Maus fand ich eigentlich viel besser als Stöhr und Iltis, aber genauso konnte Thomas Mann sie nun doch nicht nennen.

Dann habe ich ihm den Herrenreiter gezeigt, den mit dem gräßlichen Husten; die düstere Spanierin »Tous-les-des«, deren erster Sohn schwer krank war. Der zweite kam zu Besuch und wurde sofort auch schwer krank. Jessen, als »Hofrat Behrens«, erklärte mir das noch und sagte: Wissen Sie, das Klima hier ist sehr gut gegen die Krankheit, unter Umständen ist es aber auch gut für die Krankheit. In manchen Fällen löst es sie richtig aus. Bei denen hat es die Krankheit zum Ausbruch gebracht. – Sie sind auch beide zugrunde gegangen. Die Frau war furchtbar düster, immer Duse-artig in Schwarz gekleidet, und so wanderte sie ruhelos im Garten herum. Sie konnte gerade ein wenig französisch, und wen sie sah, sprach sie an: *vous savez, tous les des.* Das war »*Tous-les-deux*«.

Dann die Oberin mit dem Gerstenkorn; Ja, wie hieß sie? Im Buch heißt sie »von Mylendonk«. Sie hatte so einen adligen Namen. Und »Jessen« selber, nicht wahr, mit seiner Ölmalerei; auch die mit dem pfeifenden Pneumothorax, »Hermine Kleefeld«, so hieß sie, glaube ich, sogar in Wirklichkeit, und die »Levi«, diese andere vom »Verein halbe Lunge«. Ebenso von der, die dann sehr ans-tändig ges-torben ist, habe ich ihm erzählt.

»Herr Albin« war in Arosa. »Herr Albin«, der immer so prahlte, immer mit dem Revolver herumfummelte und sich erschießen wollte; außerdem so viele Pralinés fraß und verteilte. Manche andere Charaktere im Roman entstammen meinem Arosaaufenthalt.

Ich habe meinem Mann absichtlich kleine Details geschrieben, weil ich wußte, daß er an dem Buch arbeitete. Er hat gleich nach seinem ersten Besuch in Davos damit begonnen, und als ich dann in Arosa war, hatte er schon eine ganze Menge geschrieben. In den Briefen, die alle verloren sind, standen viele Einzelheiten. Es wäre für Germanisten ein gefundenes Fressen, diese Briefe mit dem »Zauberberg« zu vergleichen. Das können sie nun nicht, und es macht auch nichts. Die Germanisten vergleichen sowieso viel zu viel.

Madame Chauchat, die immer die Türen schmiß, gab es in Davos. Sie hat meinen Mann zunächst mit ihrem Türenschmeißen tatsächlich sehr verletzt, beleidigt und geärgert, aber dann hat er für ihre Reize sehr viel Sinn gehabt. Diese Frau, eine slawisch-russische Patientin, muß ihn auch an diesen slawischen Jungen, Pribislav Hippe, einen ehemaligen Mitschüler, erinnert haben. Die Geschichte mit Pribislav und dem Bleistift auf dem Schulhof ist sicher passiert. Eine Reminiszenz, die die Frau in meinem Mann erweckt hat, aber er hat ihr nie einen Bleistift zurückgegeben. Das ist Hans Castorp. Thomas Manns Gefühle zu Madame Chauchat gingen nicht so weit, außerdem war er ja mich zu besuchen gekommen. Er hat sie nur beobachtet, und sie hat ihm sehr gefallen. Er hat keine sieben Jahre auf sie gewartet und auch in der Walpurgisnacht, die er gar nicht erlebte, denn er besuchte mich im Sommer, im Juni, nicht mit der Frau angebändelt. Ich habe ihm nur davon erzählt, wie der Hofrat das Schweinchen blind aufs Papier malte. Es muß bei irgendeiner Geselligkeit gewesen sein.

Tatsächlich wahr ist auch, daß Jessen ihn untersucht und gleich gesagt hat: Sie haben da eine Stelle und täten sehr gut daran, ein halbes Jahr mit Ihrer Frau zusammen hierzubleiben.

Das schrieb mein Mann unserem Hausarzt nach München, und der schrieb ihm zurück: Ich kenne Sie doch ganz genau, Sie wären der erste, der bei einer Untersuchung in Davos nicht irgendeine Stelle gehabt hätte. Kommen Sie nur gleich zurück. Sie haben in Davos gar nichts zu suchen.

Auch die Geschichte mit den Streptokokken ist richtig. Es ist mir passiert, daß Jessen sich nicht erklären konnte, warum ich, obgleich doch die Heilung schon so weit fortgeschritten war, immer Temperatur hatte. Er hat

mir dann Blut abgezapft und eine Kultur angelegt; dann kam er und sagte: Ja, das sind ja Streptokokken! Aber ich glaube, das war Unsinn.
Settembrini kannte mein Mann von woanders, und auch der Psychoanalytiker, der den Zyklus von Vorträgen über die Liebe als krankheitsbildende Macht hält, war nicht da. Das waren Erfindungen. Bei Krokowski hat Thomas Mann ein bißchen an Dr. Bircher in Zürich gedacht. Es gab einen Assistenten in Davos namens Müller, der ganz anders war.
Auch Naphta gab es nicht. Naphta ist, so wie er ist, eine erfundene Figur. Aber im Jahre 1922 waren wir in Wien. Wir wohnten im Hotel Imperial, und da besuchte uns Georg Lukács, der in Wien im Exil lebte, weil er doch in den ungarischen Aufstand unter Béla Kun im Jahre 1919 verwickelt war. Er legte sofort mit der Entwicklung seiner Theorien los, redete ununterbrochen auf uns ein und dozierte so eine volle Stunde lang in unserem Zimmer. Mein Mann kam gar nicht zu Wort; er konnte gerade sagen: Ja, ja, das war ja sehr interessant. Da ging Lukács schon wieder weg.
Das war damals alles, was er von Lukács kannte und wußte. Später hat Lukács ein sehr hübsches und sehr kluges Buch über Thomas Mann geschrieben; aber mein Mann hat ihn nur dieses eine Mal in seinem Leben gesehen und gehört. Er hat auch danach nie von Lukács gesprochen, hat auch nie an ihn gedacht.
Als er mir das Kapitel über Naphta vorlas mit der Schilderung seiner Person, sagte ich: Hast du da eigentlich an Lukács gedacht?
Nein. Wieso?
Ich weiß nicht, Naphta erinnert mich an ihn.

Beabsichtigt habe ich das gar nicht, aber es kann schon sein, daß Lukács mir vorgeschwebt hat.
Natürlich erinnern nur Naphtas Äußeres und die Gabe des pausenlosen Dozierens an Lukács. Gerade eine Stunde hatte er ihn gehört und gesehen. Aber das war das Merkwürdige bei ihm; er erfaßte jeden Menschen sofort. So wenig wie Holitscher hat er Lukács als Modell studiert; auch Lukács hat er nicht mit dem Operngucker nachgesehen. Er beobachtete die Leute nicht, um sie nachher zu schildern. Hatte er jemand einmal gesehen, hatte er ihn auch aufgenommen, und kam eine Figur, zu der dieser Jemand paßte, war er wieder da, aber nicht mit Absicht; davon kann keine Rede sein. So war es auch mit der Familie des alten Krull. Nach dem Modell gefragt, antwortete Thomas Mann: Ach, die habe ich einmal eine halbe Stunde lang auf einem Rheindampfer beobachtet.
Es ging ihm grundsätzlich so. Er hätte jeden Menschen, den er einmal wahrgenommen, schildern können, und zwar konnte er es auch so, daß ich ihn sofort erkannte, auch wenn er gar nicht bezweckt hatte, ihn kenntlich zu machen – eben wie bei Naphta – Lukács, oder wie beim Fitelberg im »Doktor Faustus«. Das war ein Agent namens Collin, ein großer Windbeutel, den kannten wir beide, und ich habe ihn im Fitelberg sofort entdeckt, als Thomas Mann aus diesem Kapitel vorlas.
Es gibt eine Anekdote, die Beweis für seine Erinnerungsfähigkeit ist: die Geschichte mit der Hausschneiderin, die er niemals verwendet hat.
Zur Zeit als alle sechs Kinder im Hause waren, hatten wir in München einen großen Familientisch. Mein Mann saß an einem Ende des Tisches, ich saß neben ihm, mir

gegenüber vielleicht Erika, dann kamen die anderen Kinder, am anderen Ende saßen die beiden Kleinen und das Kinderfräulein. Alle vierzehn Tage kam auch eine sogenannte Hausschneiderin, ein Fräulein Rößner, dazu. Mein Mann saß ihr weit gegenüber. Es war ein langer Tisch. Nun, dieses Fräulein kam einige Jahre, dann kam sie nicht mehr. Sie war die Nichte von guten Freunden, die wir in Zürich haben. Einmal besuchten wir diese Reiffs und trafen Fräulein Rößner bei ihnen an. Mein Mann begrüßte sie gleich und sagte: Ach, Fräulein Rößner, daß man Sie auch mal wieder sieht! Ja, wo ist denn der Ring mit dem kleinen Brillanten? Und jetzt haben Sie ja überhaupt einen Zwicker und gar nicht Ihre Brille?

So, daß die Frau denken mußte, er habe sie immer angesehen und vielleicht auch böse Absichten gehabt, weil er ihren Ring gleich vermißte.

Er sah sie einfach, ganz ohne jeden Vorsatz, und interessierte sich auch in keiner Weise für sie. In dieser Hinsicht war er ein absoluter Augenmensch und besaß, was die Aufnahmefähigkeit betrifft, eine absolut Hans Castorpsche Manier. Nur war mein Mann nicht so treuherzig wie dieser, und das »Sorgenkind des Lebens« konnte auch nicht für ihn gelten, aber er hat Hans Castorp viel von sich mitgegeben. Er ist eine ziemlich stark subjektive Figur, nur vereinfacht. Alle seine subjektiven Figuren, auch Joseph, auch Krull, stellen irgendeine Form des Künstlers dar, sowieso und generell, und Hans Castorp war eben seine treuherzige Seite, aber doch sehr bildungsfähig.

»Der Zauberberg« hat die Davoser sehr geärgert. Das Buch hat in Davos Anstoß erregt, weil es den Anschein erweckte, als ob junge Leute aus reichen Familien, eingefangen von der Atmosphäre des Sanatoriums und den Annehmlichkeiten dieser Existenz, festgehalten würden, wo sie schon nicht mehr so krank waren, und nur wegen des Geschäftlichen und der Ungebundenheit viel länger blieben als sie eigentlich mußten. Der Hofrat spricht vom Sanatorium doch manchmal wie von einem Lustschlößchen. Die ungeheure Laxheit, die bestand, daß man über die Balkone von einem Zimmer ins andere kommt – es war schon in sittlicher Hinsicht dort oben alles nicht ganz einwandfrei. Natürlich war für viele Kranke der Aufenthalt in den Sanatorien auch sehr gut.

Und Jessen! Ich bin der Ansicht, daß Jessen die sympathischste Figur im »Zauberberg« ist; er ist im Buch im Grunde ein gütiger und netter Mensch. Er ist doch sehr apart, und im übrigen war er so. Er hatte die komische Art von Schnoddrigkeit, und die Geschichte, daß er zu einer Sterbenden, der kleinen Hujus, gesagt hat: S-tellen Sie sich nicht so an! ist wirklich wahr. Dann ist sie auch sehr ans-tändig ges-torben.

Viele finden ihn, neben Peeperkorn, die netteste und sympathischste Figur im Buch. Doch nach seiner Ansicht hatte er Anlaß sich zu beklagen! Er hat sich dann später beruhigt.

Wir haben viele Jahre später einem seiner Söhne, der im Ersten Weltkrieg bei der Marine diente und an der Flottenmeuterei beteiligt war, einen Scheck zugeschickt, weil es ihm nicht sehr gut ging und ein Geschaftelhuber Geld für ihn sammelte. Er wollte ihn aber gar nicht, war verärgert und hat das Geld zurückgeschickt. Gleichzeitig schrieb er: Ich weiß, es war sehr gut gemeint, aber eben von meinem Bekannten sehr töricht, denn meine Lage ist nicht so; und denken Sie nicht, daß ich den Scheck zurückschicke, weil Sie damals meinem Vater für den »Zauberberg« das Maß genommen haben. Das habe ich Ihnen nicht übelgenommen.

Heute ist Davos ja gänzlich verwandelt. Sämtliche Sanatorien sind jetzt Sporthotels. Wie ich voriges Jahr in Klosters war, wollten die Davoser mir absolut zu Ehren des »Zauberbergs« ein Fest geben. Nun, sie machten es auch, aber es war schon nicht ohne Komik, wenn man bedenkt, was für böses Blut es gegeben hatte. Jetzt sind sie ganz stolz auf das Buch.

Wie weit Thomas Mann mit der Arbeit am »Zauberberg« bis zum Beginn der »Betrachtungen« gekommen war, könnte ich nicht genau sagen. Im Krieg war er dermaßen von politisch-nationalen Leidenschaften besessen, daß er unmöglich an dem Buche weiterschreiben konnte. Er hat die »Betrachtungen« eingeschaltet und sich nach dem Krieg mit den zwei Novellen »Herr und Hund« und »Gesang vom Kindchen« erst wieder etwas eingeschrieben. 1919 ist er dann zum »Zauberberg« zurückgekommen.

Aber er meinte, es sei sehr gut, daß er die »Betrachtungen« geschrieben hätte, denn sonst wäre der »Zauberberg« viel zu sehr politisch belastet und gedanklich befrachtet gewesen, und eine Figur wie Settembrini hätte er gar nicht hineingebracht. Insofern hatte das Buch den »Betrachtungen« dankbar zu sein.

Thomas Mann schrieb sehr langsam. Aber was er schrieb, stand dann auch fest. Er änderte so gut wie nichts. Er hat sich immer weitgehend vorbereitet. Während Heinrich wohl auch abends schrieb, tat mein Mann das nie. Das einzige, was er in seinem Leben abends und auch nach dem Genuß von etwas Alkohol geschrieben hat, ist der »Kleiderschrank«. Sonst hat er nur vormittags gearbeitet. Er konnte nur arbeiten, wenn sein Kopf noch ganz frei war. Sein Tageslauf war sehr diszipliniert, einfach, und verlief immer gleich. Von neun bis zwölf Uhr ungefähr schrieb er, dann machte er einen Spaziergang, aß zu Mittag, las nachmittags Zeitung, rauchte noch eine Zigarre, ruhte dann. Nach dem Tee ging er nochmals spazieren, las und machte die Vorarbeiten, die Lektüre für seine eigene Produktion und erledigte, was er die »Forderung des Tages« nannte. Nur die drei Stunden vormittags waren für die produktive Arbeit bestimmt. Er schrieb alles mit der Hand, und wenn er am Tag zwei Seiten schrieb, war das besonders viel.

Was das Mit-der-Hand-Schreiben betrifft, so hat er doch, nachdem er die »Buddenbrooks« beendet hatte, das Manuskript, ohne daß es abgeschrieben war, versiegelt, sich beim Siegeln noch fürchterlich verbrannt, und es auf die Post gebracht. Dann hat er dem Postbeamten gesagt, er wolle das Paket auch versichern, es sei nämlich ein Manuskript.

Worauf der ihm sagte: So, so. Versichern wolln's? Wie hoch denn? Na?

Ich glaube doch auf 1000 Mark?

Was? 1000 Mark? Na ja, wie Sie meinen.

So war das.

Über Arbeitstechnisches hat mein Mann mit mir nicht gesprochen. Er hat mich gelegentlich in seine Pläne eingeweiht. Wir haben so manches besprochen, aber direkt beraten, bis auf den »Zauberberg«, wo ich das Thema beherrschte, habe ich ihn nicht. Das wäre ein Irrtum. Ich habe nicht an seinen Büchern mitgearbeitet.

Oft konnte er mir seine Absichten gar nicht mitteilen, weil er sich selbst im unklaren über die Dinge war. Wie gesagt, eine »Joseph«-Tetralogie hatte er nie geplant. Nun wurde die Sache immer länger, wie er sagte, er wisse gar nicht, wann und in welcher Form er die Arbeit veröffentlichen solle. Ich habe ihm da vorgeschlagen: Gott, ich würde sie überhaupt stückweise veröffentlichen. Ich würde nicht warten, bis dieses gar nicht abzusehende Unternehmen zu Ende geführt ist. Ich würde einmal den ersten Band herausbringen. Es geht schließlich nicht, sagte ich, daß viele Jahre nichts erscheint und dann so ein Riesenwerk. Das kann man doch einteilen, nicht?

Das hat er daraufhin auch getan, als ersten Band »Die Geschichten Jaakobs« gebracht, danach den »Jungen Joseph« und so fort. Vielleicht hätte er es gar nicht getan, wenn seine kluge Frau ihm nicht diesen Rat erteilt hätte. Vielleicht hätte er sogar den »Joseph« nie angefangen, wenn er gewußt hätte, daß er so viele Jahre daran arbeiten würde.

Als er die Tetralogie beendet hatte, schrieb er noch das »Gesetz« und beabsichtigte dann, etwas Größeres zu machen. Er hatte die Idee, entweder am »Krull« weiterzuarbeiten oder etwas zu schreiben, was die ganze Epoche einer niedergehenden Zeit, bis sie in Nationalsozialismus ausartete, umfassen sollte. Mein Mann hatte den »Krull« abgebrochen und liegenlassen, weil er der Meinung war, den etwas parodistischen Ton nicht durch ein ganzes Buch hindurch halten zu können. Ich

April 1887, Berlin (Atelier Schaarwächter in der Leipziger Straße)

Die Pringsheim-
Kinder, April 1886
Katia obenauf.
Von links: Peter,
Heinz, Klaus
und Erik
(Atelier
Schaarwächter)

›Kinderkarneval‹ von Fritz August Kaulbach:
Vier Pierrots und eine Pierrette – Die Geschwister Pringsheim, 1892

Die Zwillinge Katia und Klaus Pringsheim, April 1885 (Atelier Schaarwächter)

Tee im Hause Pringsheim, München, Arcisstraße. Am Tisch von links: Peter, Heinz und Hedwig Pringsheim, Milka Ternina und ihre Tante

München 1893
(Hof-Photographen Gebr. Lützel)

Das Porträt von Kaulbach, 1899

Thomas Mann
um 1900

Die Abiturienten
Klaus und Katia,
1900

Mit Klaus, Erika, Golo und Monika, 1915

← Mit Klaus, dem zweiten Kind, 1907, auf der Veranda in der Arcisstraße

S. Fischer, Karl Vollmoeller, Thomas und Katia, Klaus und Erika Mann. Photographiert von Hedwig Fischer in Bad Tölz, Landhaus ›Thomas Mann‹

Nidden, Sommer 1930
Thomas, Katia und Elisabeth Mann in St. Moritz, Januar – Februar 1931

Nidden, 2. September 1930: Am 80. Geburtstag von Professor Alfred Pringsheim.
Elisabeth, Golo und Katia Mann, Alfred und Hedwig Pringsheim, Thomas Mann

Mit Max Brod am 14. März 1932 in Prag

Besuch in Proseč am 7. Januar 1937. Mit dem Heimatrecht dieser Gemeinde war Thomas Mann die tschechoslowakische Staatsbürgerschaft verliehen worden. Golo, Katia, Thomas Mann.

Mit dem Enkel Frido Mann (Pacific Palisades, vermutlich Mai 1943)

Mit dem zwanzigjährigen Klaus

Um 1937

Um 1940

Mit den Enkeln Frido und Toni, 1945 in Kalifornien

← Princeton

Auf dem Flughafen Kloten bei Zürich vor dem Abflug nach London, 17. August 1950

6. Juni 1950. Thomas Manns 75. Geburtstag
Gret (Frau Michael) Mann, Thomas Mann, Katia, Erika, Elisabeth, Michael Mann

24. Juli 1953. 70. Geburtstag

Paulskirche Frankfurt am Main, 15. Oktober 1961 Besuch der Ausstellung zum Jubiläum des vor 75 Jahren gegründeten S. Fischer Verlags. Mit Gottfried Bermann Fischer

Jerusalem, März 1960: Im Gespräch mit Golda Meir Im Hintergrund: Klaus Pringsheim

Kohlezeichnung
von Edeltraud Abel
Zürich 1969

habe ihm sehr zugeredet, auch jetzt den »Krull« vorerst nicht aufzunehmen, sondern den »Faustus« zu schreiben. Weißt du, sagte ich, der »Joseph« ist, obgleich natürlich voller Beziehungen, doch, wenn man will, etwas eskäpistisch. Wenn du nun mit dem »Krull« fortfährst, so verstärkt sich diese Tendenz. Ich finde es besser, du verfolgtest den »Faustus«-Plan.
Das tat er dann auch.
Die Arbeit am »Krull« hat ihm später Vergnügen gemacht. Nachdem er das Buch vier Jahrzehnte lang hatte ruhen lassen, fand er, als er 1951 daranging, den Ton wieder. Man merkt die Nahtstelle im Grunde gar nicht. Sehr viel Spaß machte ihm der »Erwählte«. Schon damals, als er am »Faustus« schrieb, in dem die Gregorius-Legende des doppelten Inzest vorkommt, hat er gesagt: Die habe ich mir vorgenommen; die nehme ich Adrian Leverkühn weg.

Eigentlich hörte ich bei seinen Vorlesungen alles zum ersten Mal. Er las kapitelweise vor. Hatte er einen größeren Abschnitt fertig, las er ihn mir, später auch den Kindern im Familienkreise vor. Er tat das sehr gerne. Es regte ihn an, es zu hören und die Wirkung zu sehen. So gut wie er konnte niemand seine Sachen vorlesen. Einwänden war er zugänglich, wenn auch nicht im Großen, so konnte man ihn doch ganz gut auf Kleinigkeiten aufmerksam machen.
Das stimmt doch vielleicht nicht ganz ...?
Nun, das werde ich mir noch überlegen; ja, das ändere ich vielleicht.
Diese Vorlesungen waren für ihn eine Art Probe. Er las nie, was er gerade an dem Tag geschrieben hatte, und

außer aus den eigenen Arbeiten hat mein Mann eigentlich sehr selten vorgelesen. Natürlich kam auch dies gelegentlich vor, falls es einen bestimmten Anlaß gab. Es war da auch ein Buch, aus dem er öfters etwas zum besten gab. Es hieß »Als der Großvater die Großmutter nahm«; eine Sammlung von Balladen und moralischen Lehrgedichten, in seiner Art ein Vorläufer des »Struwwelpeter«, worin Verslein standen wie:

Sein Naschen bracht ihn mördrisch um,
Was er für Zucker angesehen,
War größten Teils Arsen-ikum.

Mein Mann wußte viele Gedichte auswendig, was übrigens Golo von ihm geerbt hat, der auch einen unglaublichen Vorrat von Gedichten im Kopf hat. Vor allem konnte er sehr viele Platen- und Goethe-Gedichte auswendig und, bot sich ein Anknüpfungspunkt, hat er sie auch gern von sich gegeben.

Wenn mein Mann sich über eine bestimmte Szene noch nicht im klaren war, niedergeschlagen war und Sorgen hatte, wie er sie ausführen sollte, kam es schon vor, daß er sein Problem nicht allein mit sich herumtrug, bis es überwunden war, sondern sich mit mir besprach. Da kam er dann und sagte vielleicht: Ich sehe das noch nicht so ganz ... Ich hörte ihm zu und sagte dann: Aber wieso denn? Ich könnte mir doch vorstellen, daß ... Aber ich habe ihn nicht besonders angeregt zu seinen Büchern. Hinsichtlich bedeutender Sorgen, die er sich machte, und von denen ich wußte, kann ich mich nur an ein Gespräch über eine ganz späte Erzählung, die »Betrogene«, erinnern. Da handelte es sich um

den Zeitpunkt, wann Rosalie von Thümmler von ihrer Krankheit erfährt. Ich sagte ihm: Es kann erst sehr spät sein. Es ist ganz ausgeschlossen, daß sie irgendeine Ahnung davon hat. Aber die »Betrogene« ist kein wesentliches Werk von ihm, und viele mögen es auch nicht. Sie finden es unappetitlich. Ich hingegen mag es. Ich finde es stilistisch so interessant, weil es diesen etwas altmodischen Erzählerton hat, auch das Verhältnis von Mutter und Tochter scheint mir sehr geglückt.
Den Stoff zu dieser Geschichte hat mein Mann übrigens von mir. Ich habe ihn, wie gesagt, sehr selten zu etwas animiert, in diesem Falle jedoch war es tatsächlich so. Wir hatten eine Bekannte, die wie Frau von Thümmler fortgeschrittenen Alters war und immer noch unwohl wurde. Als wir einmal von ihr sprachen, sagte ich zu ihm: es beunruhigt mich ein bißchen. Es könnte auch pathologisch sein.
Wie meinst du das?
Ich kannte einmal eine Frau, die Soundso. Sie war verliebt in einen jüngeren Mann. Da kam sie eines Tages triumphierend, mir ihr Geheimnis zu entdecken: Stell dir vor, bei mir ist wieder alles wie bei jüngeren Frauen. Es war dann Gebärmutterkrebs. Mein Mann sagte betroffen: Weißt du, das geht mir nach. Diese Geschichte hat mir solchen Eindruck gemacht, daraus muß ich etwas machen.
Nun, wir verständigten uns in manchem. Ich war schließlich fünfzig Jahre mit dem Mann verheiratet.

E. M.: Es ist klar, für uns Kinder gab es diese beiden Figuren immer nebeneinander: den Vater, den Gatten, den Herrn des Hauses, den nahen Menschen und die nach außen projizierte literarische Figur, die Figur des Künstlers Thomas Mann, dessen Wirkungen nun immer weiter griffen.

G. M.: In einem Schriftstellerhaus wie dem meines Vaters schwankt die Realität gewissermaßen, und das Künstlerische und das Wirkliche oder sogenannte Wirkliche vermischt sich auf sonderbare Weise. Wir Kinder zum Beispiel haben natürlich den Roman »Buddenbrooks« früh gelesen und später sehr gründlich gekannt. Und was da nun wirkliche Familiengeschichte ist, nicht wahr, und was der Sphäre der Kunst zugehört – zwischen diesen beiden gab es für uns eigentlich kaum eine Grenze, sie ist ja auch nicht deutlich zu ziehen. Ich habe als junger Mensch einmal das Grab meines Großvaters in Lübeck besucht, also des Senators in »Buddenbrooks«. Und als ich da vor diesem sehr stattlichen Grabstein stand mit dem Wappen und »Senator Heinrich Mann« usw., war es doch mein Gefühl, eigentlich vor dem Grabstein von Thomas Buddenbrook zu stehen. Wieweit die beiden Figuren sich eigentlich ähneln, wie genau das Porträt ist, kann ich nicht beurteilen.

E. M.: Thomas Buddenbrook, von dem man meistens glaubt, er sei nun einfach ein Porträt, oder nicht einfach, aber doch mehr oder weniger ein Porträt von Senator Mann, dem Vater meines Vaters, ist auch das natürlich nicht. Wie es so geht in Romanen, in Künstlerbüchern – es geht alles durcheinander, beziehungs-

weise, es ist alles komponiert und in jeder dieser Gestalten in »Buddenbrooks«, besonders aber im Thomas, ist ja auch sehr viel Thomas Mann drin, wie auch im Christian, wie auch in der Tony, wie in allen Figuren mehr oder weniger. Und wir wußten auseinanderzuhalten, schon relativ früh, wo spukt nun der Zweipapa wirklich hinein, und wo gehen Züge unseres eigenen Vaters in diese Figur ein.
Die Familiengeschichte der Manns stand uns nicht sehr nahe, das Buch stand uns näher.
Auch die Zeichnung der Mutter meines Vaters war kein Porträt. Das war eine erfundene Figur, fast ganz erfunden, ebenso wie die ja sehr vage gezeichnete Mutter von Tonio Kröger, die auch fremd, auch exotisch ist. Er hat die eigene Mutter, ich möchte fast sagen, verschont. Er hing sehr an ihr, und es hätte ihm merkwürdigerweise gerade in diesem einen Falle widerstanden, sich des Modells zu bedienen. T. M. hat eine einzige Skizze gemacht, »Das Bild der Mutter« (der Titel ist nicht einmal von ihm), wo er die Mutter skizziert, so wie er sie als Junge sah, ein stilisiertes Bildnis, eigentlich nicht sehr lebendig, schablonenhaft, gar nicht detailliert, ein bißchen romantisiert, kein Porträt. Wirklich das einzige Mal, daß sie im Roman auftritt, ungefähr wie sie war, ist in einer Nebenrolle, im »Doktor Faustus«, als Mutter der beiden Schwestern Rodde. Und da war sie lange tot. T. M. hat ja überhaupt im »Faustus« Dinge getan, die er selber ein bißchen ruchlos nannte.
Als ich »Königliche Hoheit« zum ersten Mal las, wußte ich genau, daß das Buch, besonders in den Anfängen, als der Prinz um Imma wirbt, weitgehend übereinstimmt mit der Geschichte meiner Eltern – auf stilisierte

Art. Ich wußte auch, daß mein Vater damals, als er an dem Buch schrieb, sich von meiner Mutter die Briefe geliehen hat, die er damals in seiner Werbezeit geschrieben hatte, daß er sie teilweise auch ein bißchen verwendet hat – das geht alles merkwürdig ineinander. Es ist so, daß man durchaus imstande ist, das rein Private an der Sache neugierig und erfreut zu würdigen und sich darüber zu amüsieren, und das Buch als Buch, als Kunstwerk, als Roman, als eine Hervorbringung des Vaters, kennenzulernen, mit Spannung zu lesen und sich dafür zu interessieren, was hat er nun rein erfunden und was hat er verwendet. Das geht nebeneinander her und ist immer nebeneinander hergegangen.

Züge meiner Mutter sehe ich in anderen Figuren als Imma und Rahel direkt nicht. Was uns angeht, so ist natürlich meine Schwester Elisabeth das Kindchen im »Gesang vom Kindchen« und in »Unordnung und frühes Leid« ganz deutlich zu erkennen. Auch Klaus und ich kommen gewissermaßen dort vor; die beiden Mittleren, die sogenannten »Mittleren« im Gegensatz zu den »Großen« und den »Kleinen« wurden ausgespart. Also mein Bruder Golo und meine Schwester Monika sind unterschlagen, und Klaus und mich betreffend – so ist es ja mit sogenannten Modell- oder Schlüsselfiguren so eine Sache. Er hat natürlich, rein äußerlich schon, uns verwurstet. Er hat uns älter dargestellt in der Erzählung, als wir es damals waren. Wir waren in Wirklichkeit höchstens vierzehn und fünfzehn, sollte ich denken, unsere Kindereien spielten also in Wirklichkeit zu einem früheren Zeitpunkt in unserem Leben als in diesem Leben der Kinder in »Unordnung«. Es ist ja eine humoristische Erzählung. T. M. war sich der wirklichen Problematik dieser Jugend und auch unserer eigenen Problematik viel genauer bewußt, als es in der Geschichte deutlich wird. Es war eine für ihn wichtige Staffage, diese Jugendlichen, Halbwüchsigen da unterzubringen. Es ging ihm um die Geschichte des kleinen Mädchens, um das Milieu, um die wieder nur sehr indirekt autobiographische, selbstbeleuchtete Figur des Professors Abel Cornelius, in der er sich selbst spiegelt, bis zu einem gewissen Grad auch wieder nur, und es ging um die Anekdote, um den Liebeskummer, die Unordnung und das frühe Leid, ohne daß man nun sagen könnte: das ist der oder das ist der.

Auch für das Bild einer Stadt, eines Stadthintergrundes in den Novellen, sofern die Stadt nicht genannt ist, gibt es in dem Sinne nicht einen Schlüssel. Lübeck leuchtet sicher des öfteren bruchstückhaft, teilstückhaft und zustandsweise auf. Natürlich bleibt jeder Dichter und jeder Künstler seiner Kindheit bis zu einem gewissen Grade verhaftet, sonst ist er keiner. Außerdem hat T. M. eine Wendung zurück vollzogen im »Doktor Faustus«, in dem er heimgekehrt ist ins Deutsch-Altstädtische. Dieses Städtchen Kaisersaschern trägt ja auch, unter anderem, stark lübeckische Züge, und er hat eigentlich empfunden, daß er mit dem »Faustus« einen Kreis geschlossen hatte von den »Buddenbrooks« her. Der »Krull«, dessen Anfänge ja vierzig Jahre zurücklagen, als er daran weiterarbeitete, war ganz andersartig; aber der »Faustus«, auf einer anderen Ebene, kehrt gewissermaßen zu »Buddenbrooks« zurück.

VII

Der Zufall oder Fügung wollten es, daß wir im Februar 1933 zu einer Vortragstournee ins Ausland reisten. Von dieser Reise sind wir nicht nach Deutschland zurückgekehrt, sie führte uns zwangsläufig ins Exil. Deshalb sind wir im wörtlichen Sinne nicht emigriert, wir waren glücklicherweise »draußen«. Wir hätten gar nicht emigrieren können.

Ich hatte schon seit Monaten zu meinem Mann gesagt: Die Nazis kommen zur Macht, das ist nicht mehr aufzuhalten. Und so, wie du sie immerfort bekämpft hast, kommen wir in eine gräßliche, gefährliche Lage. Wir sollten lieber außer Landes gehen.

Aber er sagte immer: Das tue ich nicht. Dieser Entschluß wäre ein Signal, daß ich an den Sieg der Sache glaube, und dieses Signal will ich nicht geben. Wir bleiben ruhig noch da, es wird uns vorerst nichts weiter passieren.

Der Boykott der Nazis war schon 1930 offenkundig, und seine Unbeliebtheit in diesen Kreisen hatte Thomas Mann schon damals augenscheinlich dokumentiert bekommen.

Er hielt im Oktober 1930 im Berliner Beethovensaal einen Vortrag namens »Deutsche Ansprache. Ein Appell an die Vernunft«. Er war eigens hingefahren, um auf dieser Veranstaltung vor den Nazis zu warnen und gegen sie aufzutreten. Der Abend ist mir, mit all dem Aufruhr und all der Aufregung, die er beschwor, unvergeßlich. Von einem wohlmeinenden Publikum war der Saal halb ausverkauft, oben auf der Galerie jedoch saß Herr Arnolt Bronnen mit einigen anderen Gesinnungsgenossen, Pro-Nazi, aggressiv, und sie hätten am liebsten die Ansprache gesprengt. Sie haben furchtbaren Krach gemacht, Thomas Mann immer wieder unterbrochen und: Unsinn! Schluß! und ähnliches von der Galerie gerufen, daß mein Mann für eine Weile zu sprechen aufhören mußte. Es herrschte große Aufregung im Saal.

Dann drehte sich das gesamte Publikum gegen die Galerie und rief: Wir wollen Thomas Mann hören. Ruhe da oben!

Es ging daraufhin ziemlich ungestört weiter. Ich saß in der ersten Reihe, auf dem Podium saß Frau Fischer, und Frau Fischer flüsterte immer: Recht bald Schluß machen. Möglichst bald Schluß machen! Aber mein Mann ließ sich gar nicht stören und führte den Vortrag vollständig zu Ende.

Dann kam Bruno Walter zu uns in das Künstlerzimmer und sagte: Wissen Sie, ich würde jetzt nicht die Haupttreppe hinuntergehen. Da kann man nicht wissen, was passiert. Ich bin ja hier zu Hause, im Beethovensaal. Ich führe Sie auf der Hintertreppe hinunter.

So geschah es denn auch. Über die Hintertreppe und einige Verbindungsgänge gelangten wir ins Freie, und Bruno Walter führte uns zu seinem Wagen, den er in einem Hof abgestellt hatte, und brachte uns sicher fort.

Tags darauf war in einer illustrierten Nazi-Zeitung auf gezielte Weise ein Bild von der Veranstaltung im Beethovensaal abgedruckt. Das Publikum hatte sich doch gegen die Galerie gedreht und um Ruhe ersucht, nicht wahr? Nun, genau dieses Bild – das Publikum, das dem Sprecher den Rücken dreht – hatten sie veröffentlicht, und drunter stand zu lesen: Thomas Mann hält einen Vortrag. – Von da ab war er als Nazifeind legitimiert.

Wir hatten in Nidden für kurze Zeit ein Sommerhaus. Den Sommer 32, unseren letzten Sommer, verbrachten wir dort oben am Meer, und in diese Zeit fielen die Morde von Potemka. Es muß Ende Juli oder Anfang August gewesen sein. Zwischen sozialdemokratischen und nationalsozialistischen Arbeitern war es in diesem Ort, wohl in Schlesien?, zu heftigen Auseinandersetzungen gekommen, und da hatten die Nazi-Arbeiter mehreren sozialdemokratischen Arbeitern mit den Absätzen die Kehle eingetreten. Auf so bestialische Weise hatten sie sie umgebracht. Hitler war angesichts dieser Schandtat nichts anderes beigefallen – und was anderes stand von ihm schon zu erwarten –, als den Mördern ein Glückwunschtelegramm zu schicken, worin er sie seine Kameraden nannte und ihnen ewige Treue schwor. Die »Kameraden« wurden dann auch gar nicht verhaftet.

Das »Berliner Tageblatt« rief bei uns an und meinte, es müsse etwas dagegen geschehen. Mein Mann setzte sich hin, schrieb einen rabiaten Artikel mit der Überschrift »Was wir verlangen müssen«, worin er scharf gegen die Nazis, ihre mörderischen Ausschreitungen und Verketzerungen Stellung bezog, und schickte ihn dem »B T«. Nun riefen sie aber ein zweites Mal an: Ganz so können wir den Artikel nicht bringen. Die Nazis würden uns das Haus über dem Kopf anzünden. Wir werden ihn ein bißchen mildern, dann bringen wir ihn sehr gerne.

Unser Haus lag sehr hübsch. Es lag mit dem Blick auf das Haff, und im Rücken hatten wir den Wald. Jeden Morgen vor dem Frühstück gingen wir im Wald spazieren, und selten begegnete man wem. Geschah es einmal, so war es auch jemand in Leinenhosen, ferienmäßig, ländlich – kurz: in sommerlichem Anzug. Eines Tages aber, es war nach dieser Mordaffäre, sah ich ein paar Leute in städtischer Kleidung im Wald gehen, und ich sagte zu meinem Mann: Komisch, was haben denn die da zu suchen? Wir kehrten bald um und gingen zum Haus zurück, in unseren Garten, und da kamen die Leute nach. Ich – wirklich wie Leonore im »Fidelio« stellte mich vor meinen Mann und sagte barsch: Was wünschen Sie hier? Da sagten sie: *Mais, Madame, nous sommes les journalistes belges, nous avons entendu votre mari à Bruxelles et nous voulons un petit interview.*

Ich sagte: *Alors, très bien.*

Nun ja, aber man war damals wirklich auf alles gefaßt. Mehrere Attentate hatten die Nazis bereits verübt.

Kurze Zeit später hat Thomas Mann in Wien vor Wiener Arbeitern gegen die Nazis gesprochen. Dann war er aufgefordert worden, bei einer Veranstaltung des »Sozialistischen Kulturbundes« in Berlin zu sprechen. Diese Veranstaltung kam nicht mehr zustande, die Nazis verboten sie nach der Machtergreifung. Thomas Manns Rede »Bekenntnis zum Sozialismus« konnte gerade noch in einer sozialistischen Zeitschrift abgedruckt werden.

Er hat getan, was er konnte. Heinrich stand immer sehr weit links, das wußte man. Aber von den sogenannten bürgerlichen Schriftstellern war Thomas Mann der ein-

zige, der sich gegen die Nazis gewendet hat. Nicht einer, ob nun Hermann Stehr oder Gerhart Hauptmann oder wer auch immer, stand gegen sie auf. Thomas Mann war wohl der einzige.
Dann kam die Vortragsreise, von der wir nicht mehr nach Hause zurückkehren sollten. Thomas Mann war aufgefordert worden, anläßlich des 50. Todestages von Richard Wagner Vorträge über diesen zu halten, in Amsterdam auf Deutsch, in Brüssel und Paris auf Französisch. Bevor wir reisten, eröffnete mein Mann am 10. Februar 1933 seine Vortragsreise über »Leiden und Größe Richard Wagners«, indem er im Auditorium maximum der Münchner Universität sprach. Die Veranstaltung war ausverkauft, es gab großen Beifall, und eine sehr anständige, beifällige Besprechung stand in den »Münchner Neuesten Nachrichten«. Am Tage darauf fuhren wir nach Holland. Ich erinnere mich genau an dieses Datum, weil es das unseres Hochzeitstages ist.
Um uns nach der Wagner-Tournee noch ein bißchen zu erholen, gingen wir nach Arosa. In die Zeit fiel der Reichstagsbrand am 27. Februar, dann kamen die Reichstagswahlen vom 5. März, wo doch bereits alle Kommunisten und viele Sozialdemokraten hinter Schloß und Riegel saßen. Tatsächlich war das ganze Hotel vorm Radio versammelt, um die Nachrichten über den Ausgang der Wahl zu hören. Ich saß mit meiner Tochter Medi vor dem Apparat und sagte immer: Es ist doch überhaupt lächerlich! Das sind doch gar keine freien Wahlen. Die Opposition haben sie ja zum größten Teil eingesperrt. Was soll denn das?
Und da sagte jemand: Aber gnädige Frau, nehmen Sie sich doch in acht.

Ich brauche mich nicht in acht zu nehmen, sagte ich, wir können sowieso nicht mehr zurück.
Wir konnten es auch nicht. Es wäre ganz undenkbar gewesen, aber mein Mann wollte es immer noch nicht ganz glauben.
Erika und Klaus waren zu der Zeit gerade in München. Wir riefen sie an, und ich sagte: Ich weiß nicht, es muß doch jetzt bei uns gestöbert werden? Soviel ich weiß, ist doch jetzt die Zeit? Aber Erika sagte: Nein, nein, außerdem ist das Wetter so abscheulich. Bleibt ruhig noch ein bissel dort, ihr versäumt ja nichts.
Nun, nach diesem Gespräch war es ganz klar, daß wir im Ausland bleiben mußten, mit dem Wenigen, was wir bei uns hatten. Denn wir hatten nichts mitgenommen außer dem, was man für eine dreiwöchige Reise braucht.
Mein Mann hatte immer noch eine vage Hoffnung. Aber dann erschien im April in den »Münchner Neuesten Nachrichten« ein ganz blöder Offener Brief, »Protest der Richard-Wagner-Stadt München«, der sich gegen Thomas Mann und seinen Vortrag »Leiden und Größe Richard Wagners« richtete. Am 10. Februar war seine Rede noch sehr beifällig aufgenommen worden, mittlerweile waren die Nazis an die Macht gekommen; dieser »Protest« war nur ein Zeichen dafür, welche Richtung die Dinge nahmen.
Der Aufsatz meines Mannes war ein psychologisch fundierter Aufsatz, der Richard Wagner, diese zwiespältige und merkwürdige Figur mit ihren großen Gaben wie ihren menschlichen Schwächen und Eigentümlichkeiten, charakterisierte, und Thomas Manns große Verbundenheit mit Wagners Werk zeigte.

Also, dieser »Protest« war der reinste Schwachsinn.
Mein Mann hat sein ganzes Leben doch mehr oder weniger im Einfluß von Richard Wagner gestanden, besonders als junger Mensch, und hat keine »Tristan«-Aufführung versäumt. Er hat sich, in seinen mittleren Jahren, von Wagner etwas gelöst, aber ganz ist er nie von ihm losgekommen.
Es gibt eine hübsche Anekdote dafür, und ich erzähle sie immer sehr gern:
Es war im Jahre 1953, als wir nach Italien reisten und eine sehr schöne »Otello«-Aufführung in Mailand sahen. Dann kamen wir nach Hause – wir wohnten damals in Erlenbach bei Zürich –, und da sagte er: Ach, leg doch einmal die Platte mit der Zwischenaktsmusik zum »Parsifal« ein.
Das hörte er furchtbar gern, und wie die Platte aus war, sagte er: Na ja, »Otello« neulich, es war ja recht schön, aber wenn ich *das* höre, ach du lieber Gott!
So war es doch bis zum Schluß.
Auch die ganze Leitmotivtechnik hat er von Wagner übernommen, wenn er sie auch bei Zola (wie auch bei Tolstoi) vorgeprägt sah. – Aber zurück zum »Protest der Richard-Wagner-Stadt München«, den alles unterschrieben hatte, was in München irgendwie Namen besaß: der bayrische Kultusminister, der Präsident der Akademie der bildenden Künste, Clemens von Franckenstein, der Generalintendant des Bayerischen Staatstheaters war, Gulbransson, Pfitzner, Richard Strauss, Joseph Pschorr, Knappertsbusch, und ich weiß nicht wer noch.
Ganz unerhört fanden sie, daß mein Mann den Vortrag im Ausland gehalten hatte; denn es kam unter anderem in dem »Protest« der Satz vor: »Wir lassen

uns unseren wertbeständigen Geistesriesen« – wertbeständig, als ob's ein Wertpapier wäre – »nicht durch einen Thomas Mann im Ausland verunglimpfen.«
Es war ein furchtbarer Hetzartikel gegen ihn, und er hat sich ganz unverhältnismäßig darüber aufgeregt. Mein Vater war so empört, daß er völlig außer sich geriet, wozu er obendrein von Natur neigte; fassungslos sagte er: Wie ist denn das möglich? Der Aufsatz fängt doch dem Sinne nach an: Die Passion Richard Wagners durchzieht mein Leben! Es spricht eine solche Liebe und eine solche Kenntnis des Wagnerschen Werkes aus all diesen Sätzen ... Es ist eine Unverschämtheit dieser Leute, so etwas zu schreiben.
In solchen Momenten erwachte seine Solidarität für den Schwiegersohn. Da empörte er sich für ihn, stritt für ihn, half ihm.
Auf den »Protest« hin veröffentlichte Bermann Fischer in der »Rundschau« eine Rundfrage, wer diese Erklärung unterzeichnet habe. Da haben manche so komisch geantwortet. Zum Beispiel Gulbransson schrieb: Ja, ich kannte den Wortlaut doch gar nicht. Aber alle haben ihn unterschrieben. Ein Mann, den ich so verehre, und die Frau –.
Das war die ganze Antwort, die er zu geben wußte.
So wie es stand, hätte denn Thomas Mann auf keinen Fall zurückgekonnt, außer er hätte erklärt, er habe die Sache falsch gesehen und nunmehr sehe er, daß es sich bei alledem um eine Erneuerung Deutschlands handele.
Dann wäre er wiederaufgenommen und hoch geehrt worden von den neuen Gralshütern. Sie legten es ihm sogar nahe, zurückzugehen. Mit Richard Strauss hatte

die Affäre noch ein kurzes Nachspiel. Wir kannten Strauss ganz gut. Ich hatte ihn schon in meinem Elternhause kennengelernt, und mein Zwillingsbruder verehrte ihn sehr als junger Musiker. Nun, in Zürich wohnten Freunde von uns, die Reiffs; ich erwähnte sie schon. Mein Mann hat sie sogar mit Namen im »Doktor Faustus« geschildert. Es gehörte zur Technik des Romans, sich derartige Direktheiten ein paarmal zu erlauben.

Frau Reiff war, glaube ich, die letzte Schülerin von Liszt, und sie war sehr darauf erpicht, alle Musiker, die nach Zürich kamen und dort dirigierten, bei sich im Hause wohnen zu haben. Sie hatte ein großes, schönes Haus, und Strauss wohnte kurz nach der Machtergreifung bei ihr. Es war viel von Thomas Mann die Rede, und da äußerte Strauss: Ach, den würde ich ganz gern mal wiedersehen.

Frau Reiff rief bei uns an: Wäre es Ihnen recht, morgen mit Strauss bei uns zum Lunch zusammenzukommen?

Mein Mann wehrte ab: Ach, lieber nicht.

Das gab sie Strauss bekannt: Hören Sie, Thomas Mann möchte nicht gerne.

So? Ach. Wegen der dummen Geschicht' damals?

Den »Protest« nannte er »die dumme Geschicht«! Wir haben ihn dann nicht mehr wiedergesehen.

Wir blieben zunächst in der Schweiz, gingen aber dann nach Südfrankreich, nach Sanary-sur-Mer, wo Freunde sich um ein Haus für uns bemüht hatten. Mein Mann war in den ersten Monaten des Exils oft erregt und deprimiert, so daß er gar nicht zum Arbeiten kam.

Eine gesicherte Zukunft war nicht gewährleistet, und der Gedanke eines jahrelangen, womöglich lebensläng-

lichen Exils machte ihm schwer zu schaffen. Er fühlte sich viel zu sehr als ein guter Deutscher, mit der deutschen Sprache, mit deutschen Kultur-Überlieferungen allzu eng verbunden, als daß er der neuen Existenzform ohne größte Vorbehalte hätte begegnen können.
Aber allmählich kam er wieder zu sich und fing auch wieder zu arbeiten an. Er schrieb damals am »Joseph«. Die jüngsten Kinder hatten wir bei uns, und in Sanary war ein ganzer Kreis deutscher Emigranten versammelt. Heinrich war dort, Julius Meier-Graefe, der ein sehr hochstehender und gescheiter, netter Mensch war; René Schickele und Feuchtwangers lebten auch dort; ferner ein amerikanischer Schriftsteller, Seabrook, mit sadistischen Neigungen. Auch Golo wohnte da. Lion Feuchtwanger kannten wir sehr gut – das heißt, in Deutschland waren wir ihm nur flüchtig begegnet, denn er lebte in Berlin. Ich kannte ihn allerdings schon von der Schule, dem Münchner Wilhelms-Gymnasium, wo ich mein Abitur machte. Und Thomas Mann stand sich besonders nett mit ihm, auch später, in Kalifornien. Wir waren damals oft bei Feuchtwangers; an Weihnachten und bei anderen Gelegenheiten kamen sie auch oft zu uns in unser Haus in Pacific Palisades. Feuchtwanger war ein sehr intelligenter und auch drolliger Mensch. Er war sehr eitel, aber auf völlig entwaffnende Art. Ich kann mich erinnern, er erzählte mir einmal in Sanary, daß nächstens das und das Buch von ihm herauskäme, und zwar gleichzeitig auf Französisch und Italienisch und Spanisch, nur die amerikanische Ausgabe käme natürlich etwas später, weil er doch das Manuskript, später dann die Korrekturbögen, immer hinschicken müsse.

Und da sagte ich ihm: Gott, Herr Feuchtwanger, ich kann wirklich nicht verstehen, daß Sie es dazu kommen lassen. Warum haben Sie das Manuskript nicht telegraphisch nach Amerika gesandt?
Ach, daran habe ich gar nicht gedacht.
Er hat überhaupt nicht gemerkt, daß ich mich über ihn lustig machte. Thomas Mann hat seine Bücher geschätzt. Sie waren auch wirklich mit großer Sachkenntnis geschrieben und in ihrer Art ausgezeichnet, grad die späteren, »Goya« und »Spanische Ballade«.
Mit René Schickele waren wir sehr befreundet und viel zusammen. Er war ein reizender, liebenswürdiger Mensch, hatte Humor und war gescheit. Wir drei, er, seine Frau und ich, waren alle vom selben Jahrgang, und seinen 50. Geburtstag feierten wir in Sanary. Da sagte jemand beim Essen: Ach, was wäre das wohl in Berlin jetzt für ein großes Fest gewesen, Schickele, wenn Ihr Geburtstag heute in Berlin gefeiert werden könnte.
Da habe ich ganz schlicht gesagt: Besser konnte die Gesellschaft auch nicht sein.
Es war eigentlich ein netter deutscher Kreis dort in Sanary. Einmal kam auch Valéry. Wir unterhielten uns auf Französisch, was ich sehr gut konnte, und da sagte ich: Hitler ist nun einmal gegen den Geist. Am liebsten möchte er ihn abschaffen.
Worauf Valéry antwortete: Das ist doch eigentlich eine gute Idee.
Ja nun, man darf sie aber nur haben, wenn man selber welchen hat.
Das ist gut, das ist ganz ausgezeichnet.
Da war er hoch entzückt.

Von Frankreich zog es meinen Mann zurück in die Schweiz, für die er immer eine Vorliebe hatte. Aber auch der jüngsten Kinder wegen wollten wir in ein deutschsprachiges Gebiet übersiedeln, denn sie waren noch im Schulalter. Zuerst dachten wir an Basel, doch der Plan zerschlug sich, und so mieteten wir in Küsnacht bei Zürich ein Haus, wo wir fünf Jahre blieben. Man hat sich über Verschiedenes aufgeregt, aber sonst ging es uns ganz gut dort. Thomas Mann hatte sich, bezüglich eines endgültigen Bruchs mit Deutschland, anfänglich zurückgehalten. Er wollte gern, daß seine Bücher noch gelesen würden, weil er dachte, diese Tatsache allein werde viele Menschen daran hindern, sich dem Faschismus in die Arme zu werfen. Aber er hat dann sehr bald eingesehen, daß das nicht ging, daß man ihn von falscher Seite her beanspruchen, ihn als der Emigration nicht zugehörig deklarieren wollte, was Verwirrung stiftete und unzulässig, geradezu unsinnig war. Schließlich hat er Korrodi, dem damaligen Feuilletonchef der »Neuen Zürcher Zeitung«, auf dessen Artikel »Deutsche Literatur im Emigrantenspiegel«, in dem die Emigrantenliteratur mit »jüdischer Romanindustrie« gleichgesetzt wurde, eine Erwiderung geschrieben, den »Offenen Brief an Korrodi«, worin er Behauptungen in dessen Artikel richtigstellte, sich eindeutig zum Emigrantentum bekannte und damit den endgültigen Trennungsstrich zwischen Deutschland und sich zog. Wir wurden daraufhin ausgebürgert.

Mit Korrodi kam es nicht zum Bruch; er schätzte meinen Mann und hat ihm seine Erwiderung, glaube ich, nicht verübelt. Außerdem war der »Offene Brief« für Deutschland bestimmt. Es war in bezug auf Vorstellungen und Erwartungen in Deutschland nötig, daß Thomas Mann auf diese Weise klipp und klar sein Verhältnis zum Dritten Reich mit einer radikalen Absage klärte.

Als wir 1947 erstmalig wieder nach Zürich kamen zum PEN-Club-Kongreß, lebte Korrodi noch, und wir machten zusammen eine Landpartie mit Pferd und Wagen an den Untersee, die er organisiert hatte. Er hat also die besagte Kontroverse meinem Mann nicht nachgetragen.

In der Küsnacht-Zeit arbeitete Thomas Mann weiter am »Joseph«-Roman, den er persönlich für sein liebstes, sein bestes, wesentlichstes und bedeutendstes Werk gehalten hat. Erstaunlicherweise gibt es in der Tetralogie keinerlei Modelle, bis auf Mai-Sachme, das war Martin Gumpert, ein Freund von uns, der Arzt und Schriftsteller war, aber sonst – zum Beispiel Laban, wo man es nicht denken sollte und auch die vielen anderen Figuren – sind alle frei erfunden. Es ist öfters gesagt worden, daß mein Mann bei Rahel an mich gedacht hat. Sie ist doch so lustig, und wie sie die Terraphim stiehlt, ihre versteckten Unternehmungen – es ist ein bißchen was dran. Ich meine, ich bin zwar bei keiner Entbindung gestorben, aber ich hätte können. Thomas Mann hat sich da hineinversetzt.

Zeitweise meinte er, Adrian Leverkühn im »Faustus« sei seine Lieblingsfigur, aber im Grunde hat er den Joseph doch am höchsten gestellt, als den Prototyp des Künstlers, seine Figur. Er brachte sie in sehr verschiedenen Transpositionen.

Die drei älteren Kinder waren in den Jahren längst erwachsen und aus dem Hause. Klaus war zu der Zeit in

Holland, wo er die Zeitschrift »Die Sammlung«, welche er mit Heinrich, Gide und Huxley gegründet hatte, herausgab. Golo hatte an einem Seminar in St. Cloud eine Stelle als Lehrer bekommen, und Erika hatte ihr Kabarett. Ihre Ehe mit Gründgens war längst aufgelöst. Gustaf Gründgens war immer sehr gehemmt gewesen, wenn er zu uns nach München kam – als Bräutigam, später als Ehemann in einer bürgerlichen Familie –, das paßte gar nicht. Übrigens ist der Schauspieler in der Novelle »Unordnung und frühes Leid« keineswegs Gründgens; meinem Mann schwebte vielmehr als Modell zum Herzl ein – wie man das so nennt – jugendlicher Liebhaber aus München vor, namens Albert Fischel, den meine Kinder als Halbwüchsige damals sehr verehrten. Gründgens kannten wir da noch gar nicht. Dieser Fischel war ganz hübsch und noch ziemlich jung. Er spielte den Carlos und sagte: Mein Carlos ist aus einem Guß, wie es ja auch in der Erzählung vorkommt.

Erika hatte die »Pfeffermühle« in München noch mit großem Beifall anfangen können, obwohl es kurz vor der Machtergreifung war. Später führte sie das Kabarett in der Schweiz, zuerst in Zürich, fort. Ich habe natürlich verschiedene Programme, auch die Eröffnungsvorstellung in München gesehen. Es war wirklich sehr hübsch, wie Erika das machte. Sie und Therese Giehse waren die Hauptsäulen.

Auch in anderen Ländern, vor allem in Holland und der Tschechoslowakei, hatten sie einen Riesenerfolg. Als mein Mann und ich im Jahre 1955 zum zweiten Mal nach dem Krieg nach Holland kamen, fingen alle Holländer, die wir sprachen, sofort davon an: Ach, die

»Pfeffermühle« damals, das war doch etwas ganz Einzigartiges! Die Giehse war sehr häufig bei uns in Küsnacht. Sie war Erikas Freundin und wurde eine richtige Freundin der Familie. Waren sie von ihren Tourneen wieder zurück in Zürich, so kam sie zu uns. An Weihnachten war sie immer dabei und gehörte dazu. Abgesehen von ihrer großen Begabung ist sie eine sehr warmherzige und natürliche Frau. Sie ist rein jüdisch, aber dabei grundbayrisch, und Hitler war besonders von ihr eingenommen. Er sah in ihr eine völkische Künstlerin, wie man sie nur in Deutschland findet. Von einem Gesinnungsgenossen darauf verwiesen, daß die Dame nicht arisch sei, erklärte er, eine solche Ansicht sei bösartiger Klatsch, er, Hitler, wisse mit untrüglichem Urteil zu sagen, was germanisches Naturtalent und was semitische Mache sei.

In einer Aufführung von einem Stück von Klaus, das an Cocteaus »Enfants terribles« anklingt und »Geschwister« heißt, gab die Giehse eine sehr treuherzige Köchin im Haus der Kinder, dieser *enfants terribles*. Das Stück an sich machte einen Theaterskandal und erregte großen Anstoß bei der Kritik. Einzig die Giehse wurde gelobt: nach all dieser verderbten Jugend sei es eine wahre Wohltat gewesen, einer echt-bayrischen, natürlichen Frau wie Frau Giehse auf der Bühne zu begegnen. Letztere Charakterisierung war jedenfalls treffend.

Erika, Klaus, Golo kamen immer zu Besuch; die jüngsten Kinder hatten wir bei uns. Elisabeth ging in Zürich aufs Freie Gymnasium, und sie lernte so gut, daß sie mit siebzehn Jahren die Matura machte. Ich war bei der Schlußfeier, und da bekam jeder Schüler sein Abgangszeugnis ausgehändigt, nur zu Elisabeth sagte der Rektor: Diese Schülerin hat ihre Zeit so gut ausgenutzt, daß wir ihr das Abgangszeugnis noch gar nicht geben können, da sie, bevor sie nicht 18 Jahre alt ist, keine Hochschule beziehen darf. Zu ihrem 18. Geburtstag wird das Zeugnis ihr zugesandt werden können.

Michael sollte Musiker werden und ging aufs Zürcher Konservatorium, wo er als Geiger ausgebildet wurde. Erst hat er dort sein Lehrdiplom gemacht, dann sollte er noch sein Konzertdiplom absolvieren. Aber das scheiterte an einem *rencontre* mit dem Direktor des Konservatoriums. Dieser Mann, ein unangenehmer Mensch, war bei allen Lehrern verhaßt, und Michael, der sich manchmal während der Pause in ein Zimmer setzte und Klavier spielte, hatte ein ganz ekelhaftes Erlebnis mit ihm. Als Michael spielte, kam er eines Tages herein und fragte: Was machen Sie denn hier?

Ich dachte, in der Pause ...

Sie wissen doch, daß das verboten ist!

Sagte es und packte Michael an der Schulter, worauf der den Mann ohrfeigte und sofort relegiert wurde. Alle Professoren haben ihn dazu beglückwünscht, daß endlich jemand diesem Direktor zu Leibe gegangen war; aber die Gegenwehr endete halt mit schleunigem Abgang und ohne das zweite Diplom in der Tasche. Er hat dann in London sein Violinstudium fortgesetzt und kam nach Amerika, als wir schon dort waren.

Erika hatte es noch fertiggebracht, nach dem Umsturz nach München zu fahren und das »Joseph«-Manuskript und ein paar weitere Handschriften aus unserem schon beschlagnahmten Haus zu holen. Aber das übrige – alle Manuskripte von den »Buddenbrooks« ab und den frühen Novellen, alle seine Briefschaften, die Briefe meines Mannes, Briefe, die ich von Hofmannsthal und anderen aufgehoben hatte – ist durch die Emigration verlorengegangen.

Ich hatte Briefstöße von meinem Mann, denn während der Münchner Zeit waren wir durch seine Vortragsreisen oftmals getrennt, und von allen diesen Reisen schrieb er mir immer lange Briefe. In den Jahren meiner Krankheiten, als ich zu Kuren ins Hochgebirge mußte, hat er mir jede Woche zweimal geschrieben. Lange Berichte über die Familie, über sich und was er tat. Hätte man sie, so hätte man gewissermaßen eine Biographie aus dieser Zeit.

In München hatte ich eine Freundin in nicht sehr guten Verhältnissen, und so bot ich ihrer Tochter an, damit sie sich etwas verdiente, alle meine Briefe zu ordnen. Die kleine Dora war ein allerliebstes Mädchen, sie kam jede Woche, aß mit uns zu Mittag und ordnete die Briefe, chronologisch, jedes Jahr in einem Mäppchen. So hatte ich sie meinem Mann zum Aufheben gegeben. Sie waren zusammen mit seinen Manuskripten in einem bestimmten Schrank verwahrt, zu dem er den Schlüssel besaß.

Im Schweizer Exil kamen wir mit einem Anwalt, einem Dr. Heins in Berührung, den zwar nicht wir, aber die Kinder gut kannten, und der sich erbot uns zu helfen. Mein Mann, darüber sehr erfreut, übergab ihm den Schlüssel und trug ihm auf, die Sachen in Sicherheit zu bringen, was Dr. Heins auch tat.

Bald darauf hatten wir, ganz unerwartet, über einen Bekannten in Berlin, der einen Diplomatenpaß besaß, großer Bibliophile war und legal in die USA ausreisen konnte, eine Möglichkeit, die Sachen sicher aus Deutschland heraus in die Schweiz zu bringen. Mein Mann bat Dr. Heins schriftlich, die sämtlichen, ihm anvertrauten Handschriften und Briefe diesem Bekannten auszuhändigen, aber Dr. Heins weigerte sich. Er erklärte: Thomas Mann ist enteignet; die Dinge repräsentieren einen großen Wert; ich mache mich strafbar, wenn ich einen solchen Wert übergebe; ich kann sie nicht aus der Hand lassen. Er respektierte Thomas Manns Wunsch einfach nicht und schickte nur große Rechnungen für seine unnützen Bemühungen. Unmittelbar vor dem 60. Geburtstag meines Mannes wurde aus propagandistischen Gründen die Beschlagnahme aufgehoben. Dr. Heins schickte triumphal ein Telegramm, kam nach Zürich, und wir feierten zusammen. Es muß wenige Tage nach dem Geburtstag gewesen sein, da wurde Heins ans Telefon gerufen, kam bleich und zitternd zurück und sagte: Die Beschlagnahme ist soeben erneuert worden. Ich sagte ihm nur: Das war vorauszusehen. Nunmehr scheint es mir ganz aussichtslos, und ich empfehle Ihnen dringend, nichts Weiteres mehr zu unternehmen.

Wir haben uns dann mit ihm entzweit, weil er unbedingt seine Bemühungen fortsetzen wollte und für nichts und wieder nichts uns große Rechnungen präsentierte.

Als der Krieg zu Ende war, kamen Klaus, der in der amerikanischen Armee, und Erika, die Kriegskorrespondentin war, nach München und suchten sogleich Dr. Heins auf, um die von ihm aufbewahrten Sachen abzuholen. Da erklärte er ihnen, sein *office*, das zentral in der Stadt gelegen sei, sei zerbombt, seine eigenen Akten hätte er gerade noch gerettet, aber die Papiere und Handschriften von Thomas Mann seien Opfer der

Flammen geworden; er hätte sie nicht mehr evakuieren können. Seltsam genug. Ob das stimmte, ließ sich nicht nachprüfen, auf alle Fälle sind die Papiere bis auf den heutigen Tag verschwunden, und alle Schritte, die wir in die Wege leiteten, blieben erfolglos; alle offiziellen Stellen, an die wir uns wendeten, versagten mit fadenscheinigen Begründungen ihre Hilfe, der damalige bayrische Innenminister Hoegner, der Vorsitzende der Anwaltskammer Dr. Dahn. Selbst unser eigener Anwalt schien, nach dem Ton seiner Korrespondenz mit Heins zu schließen, auf sehr freundschaftlichem Fuße mit diesem zu stehen. Da haben wir die Recherchen eingestellt, und ich habe alle Hoffnung aufgegeben, die Sachen je wiederzusehen.
Die wenigen Briefe Thomas Manns aus dem Werbejahr an mich haben nur überlebt, weil er sie sich, als er seinerzeit an »Königliche Hoheit« schrieb, von mir ausgebeten hatte, und ordentlich wie er war, seine Exzerpte nicht wegwarf. Die Abschriften fanden sich vollzählig in seinem Nachlaß.
Vom Tag der Emigration ab waren wir überhaupt nicht mehr getrennt. In den fremden Ländern habe ich ihn überallhin begleitet, und dadurch kamen keine Briefe mehr zustande. Gerade zweimal waren wir im Laufe all dieser Jahre getrennt: das erste Mal noch in Amerika, als ich für zwei Tage nach Chicago fuhr, und da telefonierten wir miteinander; das zweite Mal nach dem Krieg, als wir schon wieder in der Schweiz lebten und ich zur Beerdigung meines Schwiegersohnes Borgese nach Florenz fuhr. Auch da haben wir telefoniert. So fand kein Briefwechsel mehr statt.
Wir fühlten uns zwar recht wohl in der Schweiz, aber

man war doch immer nervös, und seit 1938, dem Anschluß Österreichs, der Münchner Konferenz, dem Einmarsch in die Tschechoslowakei, wurde auch die Schweiz ein bißchen bedenklich. Dann sind wir nach Amerika gegangen. Wir waren ja schon verschiedentlich vorher dort gewesen. Das erste Mal reisten wir im Jahre 1934 nach Amerika anläßlich der amerikanischen Ausgabe der »Geschichten Jaakobs«, des ersten »Joseph«-Bandes. Blanche Knopf, die Frau unseres amerikanischen Verlegers Alfred Knopf, kam jedes Jahr nach Europa, um sich nach Autoren umzusehen, und als sie in Zürich war, besuchte sie uns und sagte: Im Sommer soll der erste Band »Joseph« erscheinen, und mein Mann hat sich gedacht, daß er das ein bißchen festlich arrangieren möchte. Knopf hätte die Idee, ein »Testimonial Dinner« zu geben, wozu Mayor La Guardia und viele Schriftsteller eingeladen werden, und er würde uns gern einladen, dazu nach New York zu kommen. Ob wir dazu kommen wollten? Alfred würde natürlich alle Spesen decken. Wir könnten es ja noch besprechen und überlegen; sie sei noch zwei Tage da und sie bäte, daß wir ihr dann sagten, wie wir darüber dächten. Wir sagten beide einstimmig: Dazu brauchen wir gar nichts zu überlegen und zu besprechen. Das tun wir doch sehr gern. Natürlich kommen wir.

Es wurde alles verabredet, und dann habe ich noch einen sehr diplomatischen Brief an Alfred geschrieben: Wir kämen furchtbar gerne, nur hätte der Arzt gesagt, Thomas Manns Gesundheitszustand sei zwar gut und gegen die Reise sei gar nichts einzuwenden, aber selbstverständlich dürfe sie nur statthaben, wenn Thomas Mann sie mit allem Komfort anträte. Diesen Brief hatten die

Kinder verlangt; sie hatten mir geraten, ihn zu schreiben.
Mit einem holländischen Schiff, der R.M.S. »Volendam«, sind wir sehr angenehm hinübergefahren. Dann bei unserer Ankunft in New York kamen schon mit dem Lotsenboot eine Menge Journalisten an Bord. Es war ein großes Getöse. Wir waren ganz baff, und ich fragte: Was ist eigentlich? Denn daß Thomas Mann in den USA ein so bekannter oder berühmter Schriftsteller war, wußten wir nicht.
Yea, we want to see Thomas Mann of course, you know, he was on board, Thomas Mann.
Einer fragte mich noch: *Mr. Mann of course is hebrew?*
Ich sagte: *Not a bit.*
Dann stand eine head-line über den Empfang in der Zeitung: *Not a bit, says Frau Mann.*
Alfred Knopf hatte alles ganz großartig arrangiert. Wir bekamen eine Eskorte von Polizisten, die auf ihren Motorrädern vor dem Auto herfuhren, und er hatte wirklich eine sehr schöne Suite für uns im Plaza Savoy Hotel reserviert.
Ich sagte ihm: *Alfred, that's wonderful.*
I didn't forget what your doctor said, antwortete er ganz schlau.
Für das Testimonial Dinner hatte mein Mann eine kleine Rede auf Englisch präpariert, und es passierte ihm das entsetzliche Malheur gegen Ende der Rede, als er schon seine Dankbarkeit für den freundlichen Empfang, für das amerikanische Interesse an seiner Arbeit und für die Veranstaltung dieses festlichen Empfangs durch seinen Freund Alfred Knopf ausgedrückt hatte, schloß er mit dem Satz: *He is not only a publisher, he*

is a creature too. Er meinte aber: *creator* – da wäre ich nun beinahe in den Boden gesunken, aber Knopf hat gelacht.
Der 59. Geburtstag meines Mannes fiel auch in diese Tage. Da wurde ihm eine Torte mit neunundfünfzig Lichtern gebracht, die er mit einem Zug ausblasen mußte. Das konnte er tatsächlich. Auch das war ein schöner Erfolg.
Eine Woche waren wir dort, und von allem sehr befriedigt und beeindruckt reisten wir wieder ab.
Als wir das zweite Mal hinüberreisten, wurde meinem Mann in Harvard zusammen mit Albert Einstein die Ehrendoktorwürde verliehen, und wir wohnten bei dem damals sehr bekannten Schriftsteller van Loon. Er war Popularhistoriker, hatte eine Weltgeschichte geschrieben, ein netter Mann. Als wir bei ihm wohnten, bekamen wir von Roosevelt eine Einladung zu einer *dinner party* ins Weiße Haus. Wir fühlten uns sehr geehrt. Es war ein kleiner Kreis, und ich kann mich erinnern, Roosevelt erzählte irgendeine Geschichte aus seiner Münchner Studienzeit, worauf Mrs. Roosevelt sagte: *I think, this was an excellent story.* Da mußten wir alle lächeln, nachdem sie sie nochmals als solche erklärt hatte. Später, als mein Mann schon seine Gastprofessur in Princeton hatte, waren wir nochmals Gäste des Weißen Hauses und wohnten drei Tage dort. Roosevelt hielt sich gerade in der Umgebung New Yorks auf, wo sie ein Landhaus hatten, und die Schlichtheit und Einfachheit von Mrs. Roosevelt fiel mir sehr auf. Zur Zeit der Teestunde kam sie selber an unsere Tür klopfen: *if you want tea now, tea is served.* Das Weiße Haus ist ja ein sehr weitläufiges Gebäude, und sie hätte schließlich

einen Diener oder ein Mädchen schicken können. Aber nein, sie kam selber. Sie war besonders nett. Am nächsten Morgen kam Roosevelt zurück, wir frühstückten zusammen und da sagte er gleich: *I brought a piece of pheasant with me. Where is it? I would like it for breakfast.* Nun, er bekam seinen Fasan. Abends braute er selbst unsere Cocktails und war sehr charmant. Er hatte persönlich etwas ungemein Gewinnendes. Mein Mann verehrte ihn sehr. Aber es war ja ein Jammer, er war schwer leidend – die Kinderlähmung, dann hatte er noch einen Schlaganfall gehabt –, und trotzdem war er so ungeheuer aktiv.

Er wurde im Rollstuhl gefahren, überall im Weißen Haus waren Bretter über die Treppen gelegt. Er konnte gar nicht gehen, er konnte schwimmen, und es war ein Schwimmbassin für ihn da. Er wirkte durchaus nicht krank. Er war sehr lebhaft und lustig. An Erika, die mit uns war, hatte er großes Wohlgefallen. Mein Mann war ganz erschüttert von seinem Tod und hat für ihn sofort einen sehr schönen Nachruf geschrieben. Er war viel besser als Truman und hätte sicherlich auch eine bessere Deutschlandpolitik gemacht.

Im Sommer 1939 sind wir noch einmal nach Europa gefahren. Wir flogen zum Kongreß des PEN-Clubs nach Stockholm, der dann nicht mehr stattfand. H. G. Wells, der auch gekommen war, saß wartend in Stockholm herum, und ich sagte zu ihm: Sie müssen nach England zurück.

Und der Kongreß? fragte er ganz erstaunt.

Der Kongreß wird nicht stattfinden.

Wells wollte es nicht glauben.

Von Malmö flogen wir über Amsterdam nach London

zurück. Es war kurz nach Ausbruch des Krieges, ein gräßlicher Flug. Wir flogen auffallend niedrig. Das irritierte mich, und ich fragte die Stewardeß nach dem Grund.

Nazideutschland hat uns über sein Gebiet nur zu fliegen erlaubt, wenn wir ganz niedrig fliegen. Gestern haben sie uns den Flug sogar zu verlangsamen gezwungen und haben aus der Nähe durch alle Fenster geschaut, um auszukundschaften, wer im Flugzeug sitzt.

So. So ist das.

Dann habe ich zu meinem Mann gesagt: Ich würde auch gern einmal am Fenster sitzen.

Sagte er: Ich sitze doch immer am Fenster.

Aber es ist für mich doch auch einmal ganz interessant.

Nun, unwillig hat er mir den Fensterplatz eingeräumt.

Schräg gegenüber saß ein starker, jüdisch aussehender Herr. Offenbar war ihm nicht entgangen, was die Stewardeß sagte. Er wurde ohnmächtig. Aber es passierte nichts.

Am nächsten Tag wurde jemand auf dem gleichen Flug von einem Flieger der deutschen Luftwaffe durchs Fenster erschossen. Wahrscheinlich hatten sie den Mann für Thomas Mann gehalten, denn sein Stockholmer Aufenthalt und seine Heimreise in die USA waren den Nazis natürlich bekannt.

In London war es ganz schrecklich. Die Engländer hatten für einen Kriegsfall überhaupt keine Vorkehrungen getroffen. In Zürich hatten schon ständig Verdunklungsübungen stattgefunden, die sich dann als unnötig erwiesen, denn der neutralen Schweiz passierte nichts.

Aber in England war nichts dergleichen geschehen. Es gab keine Verdunklungsvorhänge, man durfte abends überhaupt nur ein Streichholz in seinem Schlafzimmer anzünden, sonst nichts. In den Straßen wimmelte es von Militär. Es war eine sehr merkwürdige Stimmung. Mit einem amerikanischen Schiff, der »Washington«, sind wir zurückgefahren. Es war dreifach besetzt. Wir reisten zwar Erster Klasse, aber die Unterhaltungsräume waren zu Schlafsälen arrangiert, jeweils zwei Pritschen nebeneinander, dann kam ein ganz schmaler Durchgang, dann wieder zwei Pritschen; ein Schlafsaal für die Damen, einer für die Herren.

Wasser bekam man in Fingerhutmengen, das Essen wurde dreimal ausgegeben. Es war ein Gedränge von zweitausend Menschen an Bord. Bei unserer Ankunft in New York holte uns ein Mitglied des Verlags ab und sagte: *And now you are here for good.*

VIII

Es war nicht so sehr schwierig für uns, in Amerika neue Heime aufzubauen. Zunächst hatte uns eine Verehrerin von Thomas Mann, Miß Caroline Newton, eine sehr literaturfreundliche Dame, der mein Mann auch oft geschrieben hat, ihr Sommerhaus in Rhode Island für den Sommer angeboten. Da waren wir zwei Monate, und inzwischen bin ich herumgefahren und habe mich umgesehen und das Haus in Princeton gefunden. Das haben wir gleich gemietet. Es war ein sehr angenehmes, gut eingerichtetes Haus, wo Thomas Mann sich gleich recht wohl gefühlt hat. Es war ungefähr so schön wie unser Münchner Haus. Princeton hat sich inzwischen sehr verändert. Damals hatte es eine angenehme, kleine Universität, und der Kreis unserer Bekannten war nett. Die Amerikaner sind an sich von Haus aus sehr gastlich und auch entgegenkommend.

Dann hatten wir – damals konnte man das immerhin haben – ein schwarzes *couple*, John und Lucie. Sie kochte, kochte sehr gut, und er war Butler, hat auch unser Auto gefahren, wenn ich gerade nicht konnte, denn ich war immer sehr beschäftigt. Mit dieser Bedienung ging es sehr komisch: Lucie hatte noch einen Bruder, Horatio, den schmuggelten die beiden mit hinein. John und Horatio, beide weiß-bejackt, servierten die Mahlzeiten.

Annette Kolb war damals auch in Amerika und, zu Besuch bei uns, sagte sie: Na, hör mal, Katja, bei euch geht's zu!

Sagte ich: Na ja, wir sind halt sehr fein. Es ist nun mal so.

Es ging uns wirtschaftlich recht befriedigend in Princeton. Natürlich mußte ich mich um den Haushalt kümmern und hatte die gesamte Korrespondenz meines Mannes, außer der englischen, zu erledigen. Für die englische Korrespondenz suchten wir eine Sekretärin, weil ich nicht so gut englisch schreiben konnte. Christian Gauss, der Dekan der Universität, war uns dabei behilflich. Er sagte, die Gattin eines jüngeren Kollegen, Molly Shenstone mit Namen, würde furchtbar gerne als Sekretärin bei uns arbeiten, allerdings nicht gegen Honorar, das wollte sie nicht, und das läge ihr nicht. Ich habe mich mit dieser mir ungemein sympathischen Frau dann sehr angefreundet und sah sie zuletzt noch kurz vor ihrem Tod, 1968 – besonders liebe Leute.
In geographischer Reichweite waren auch Walters, Werfels, Max Reinhardt, Hermann Broch, Erich Kahler, den mein Mann auch sehr gern mochte und auf den er große Stücke hielt. Es gibt eine Menge Briefe an Kahler. Es war wiederum ein ganzer Kreis Emigranten dort versammelt, ähnlich wie schon in Sanary. Albert Einstein war auch in Princeton. Wir waren beinahe Nachbarn und haben ihn oft gesehen. Er war sehr sympathisch und nicht besonders anregend. Einstein hatte eigentlich etwas Kindliches im Wesen, so große Glupschaugen; er hatte etwas Naives an sich, ein lieber Mensch; und er war ja doch ein sehr stark einseitiges Genie, nicht wahr? Wirklich eine enorm spezielle Begabung, und da war er so im gewöhnlichen Leben kein sehr eindrucksvoller Mensch. Politisches Verständnis anlangend – damit war es bei ihm nicht weit her. Er hatte einmal eine Unterhaltung mit jemandem, der aus Rußland kam und ihm gesagt hatte, er sehe es kom-

men, daß es zu einem Krieg zwischen Rußland und dem nationalsozialistischen Deutschland kommen werde. Von dieser Unterhaltung erzählte uns Einstein, und da zeigte sich sein politisches völliges Mißverständnis, denn er sagte: Also, ich weiß nicht, ob es zu diesem Krieg kommt. Nur, wenn ich alles so sicher wüßte wie, daß die Russen von den Deutschen zu Paaren getrieben, also völlig geschlagen werden, wenn ich alles so sicher wüßte, dann wäre ich ein weiser Mann. Diesen Ausspruch habe ich mir leider gemerkt.

Aber die Leute bauen sich ihre Kartenhäuser. Sie wissen von Thomas Manns autobiographischem Verfahren bei seinem Schaffen, wissen, daß er manchmal Personen seines weiteren und engeren Bekanntenkreises in seinen Büchern skizziert hat, und fangen dann an zu spekulieren, frei und gefällig ins Blaue hinein. Und dann sind sie selig, wenn sie mit ihren Entdeckerkünsten ihn vermeintlich erwischt haben. Da ist es immer zu entsetzlichen Mißverständnissen gekommen und kommt immer noch dazu – und zwar nicht nur hinsichtlich der vermeintlichen Modelle, sondern auch in Hinsicht auf angebliche Beeinflussungen Thomas Manns durch andere Autoren.

Statt frei zu erfinden, stützte Thomas Mann sich am liebsten auf die Wirklichkeit. Er fand lieber als daß er erfand, Schauplätze, Grundzüge von Personen und vieles mehr. Er eignete sich das Gegebene an, durchdrang es auf seine Weise, beseelte es, wie er es nannte, mit seinem Künstlertum. Wie es nicht wenigen Großen der Literaturgeschichte ging, gab er damit seinen Urbildern mitunter Anlaß zum Ärgernis, weil sie sich allzu naiv mit der dichterischen Hervorbringung identifizierten.

Die Skala möglicher Reaktionen reicht, sagen wir, von der Antwort der Witwe des »Wunderkinds« bis zum Fall Annette Kolb.

Es gab das »Wunderkind«, es war ein kleiner griechischer Pianist, in dem Aufzug, wie mein Mann ihn in der Novelle schildert, in weißem Atlas von Kopf bis Fuß, und er ist sehr früh gestorben. Nach Jahren hat seine Witwe an Erika geschrieben, daß er die Geschichte gekannt und sich sehr darüber amüsiert hätte, und sie schickte ihr auch eine Photographie vom Wunderkind in der Kleidung, in der ihn die Novelle schildert. Hier ging es also ohne Kränkung ab. Und es ist ja auch nicht kränkend.

Wirklich bedauerlich aber war die Sache mit Annette Kolb. Annette Kolb ist äußerlich – nur bildlich skizziert – das Modell einer Figur im »Doktor Faustus«, der Jeannette Scheuerl, wodurch schon im Namen eine Ähnlichkeit mit Annette gegeben ist. Von dieser Figur, die wirklich mit Liebe und Hochachtung geschildert ist, heißt es nun aber, sie hätte ein »elegantes Schafsgesicht«. Darüber hat sich Annette sehr gekränkt. Sie hat es niemals verwunden, und seitdem war es aus zwischen ihr und Thomas Mann. Er schätzte Annette Kolb immer ganz besonders. Ich kannte sie ja schon als Kind. Sie war wesentlich älter als ich, und sie war immer sehr apart und drollig. Sie hat eigentlich nie Anspruch auf weibliche Schönheit erhoben, und von ihrer sehr hübschen Schwester Germaine wurde sie damit aufgezogen, daß sie so dünn sei, so mager; dazu sagte Annette: Ach was, Salzfaß ist besser als Plumeau. Diesen Ausspruch tat sie damals, als sie in meinem Elternhaus verkehrte. Sie sprach immer so etwas betont bayrisch. Das war in München Sitte, die Aristokratie sprach bayrisch, und die Kolbs waren zwar keine Aristokraten, aber sie hatten einen Salon, gaben pariserische Nachmittagsempfänge, wo auch Hofgesellschaft und alle möglichen Leute verkehrten.

Die Mutter war Französin. Annettes Bruder war Offizier im Leibregiment, wo sonst eigentlich nur Adlige dienten. Der Vater, den ich nicht mehr kannte, war Direktor vom Botanischen Garten in München, und sie hatten ein sehr hübsches, altmodisches, kleines Haus, das zum Botanischen Garten gehörte. Irgendwo ist einmal das Gerücht aufgekommen, Annette sei eine Wittelsbacherin, aber das glaube ich nicht, das würde ich von der alten Kolb nie annehmen. Sie machten eben ein nettes Haus, halb-französisch, hatten ihre Beziehungen zu den Hofkreisen, und sie sprachen alle entweder französisch oder bayrisch.

Annette hatte als Schriftstellerin ein sehr eigenartiges, spezielles Talent. Sie konnte nicht so recht deutsch, ich meine, sie konnte natürlich deutsch, aber sie schrieb es nicht. Ich kann mich an einen Satz in einer ihrer Sachen erinnern, da schrieb sie: Ihm war, die Heizung spielte nicht mehr.

Im übrigen war sie in gewissen Dingen sehr ahnungslos. Wie ich schon verheiratet war und ein oder zwei Kinder hatte, war ich mit ihr im »Faust«, und bei der Szene am Brunnen stößt sie mich an und sagt: Jetzt sag amal, Katja, hat die Tragödie schon stattgefunden?

Das nennt sie »die Tragödie«. So war sie.

Sie war sehr komisch. Es konnte niemanden geben, der weniger darauf aus war, Männern zu gefallen; und es paßte auch gar nicht zu ihr. Aber sie verheimlichte immer aufs strengste ihr Alter. Wir haben uns ausgerechnet, daß sie bei ihrem Tod hundertunddrei gewesen sein muß. Das geht nämlich aus einer ganz bestimmten Tatsache hervor. Annette hatte ihre Erinnerungen geschrieben, damals in Amerika. 1933 ist sie sofort freiwillig, aus Gesinnungsgründen, emigriert, wie René Schickele auch, ihr bester Freund. Zuerst ging sie nach Paris, und dann kam sie nach Amerika, wo sie todunglücklich war, sie gar nicht hinpaßte und außerdem noch häufig krank war. Oft habe ich sie in ihrem Hotel in New York besucht, und sie war sehr dankbar, wenn man sich um sie kümmerte. Sie war nach Amerika gegangen, weil sie dachte, da sei sie geborgen, sicherer vor den Nazis, was ja auch der Fall war. Aber das Ganze lag ihr nicht, und sie ist 1945, sobald es irgend ging, nach Paris zurückgekehrt.

In New York hatten Bermann Fischer und Landshoff zusammen einen Verlag gegründet, die L. B. Fischer Corporation, die nicht ging, weil sie die Verhältnisse gar nicht kannten. Nun hatte Annette dem Landshoff ihre Memoiren zur Veröffentlichung gegeben; er hat sie gelesen und brachte sie ihr dann wieder zurück. Da hat Annette mir erzählt, Landshoff hätte gesagt: Es hat ihn alles sehr interessiert, und besonders hübsch und lebendig sei doch die Szene, wie sie im Jahr 70 mit den Eltern aus Paris geflohen sei. Plötzlich schien sie verwirrt. Sie sagte: Ja, ja, natürlich – ach was, das ist doch überhaupt Unsinn. Das muß doch raus! Das habe ich doch gar nicht erlebt!

Tatsache war, daß aus der Episode, bei der sie doch mindestens fünf Jahre alt gewesen sein mußte, hervorging, daß sie etwa 1865 geboren war. Deshalb mußte die Episode eliminiert werden.

Nach dem Tod meines Mannes bin ich noch oft sehr freundschaftlich mit ihr zusammengekommen. Als sie mich vor einigen Jahren besuchte, gar nicht lang vor ihrem Tod, hat sie mir so unter anderem erzählt, wie sie sich einen neuen Paß hat ausstellen lassen. Da hat sie mir gesagt: Weißt, Katja, jetzt hab i a neuen Paß bkommen.

Ich sag: So so. Das ist ja fein. War deiner abgelaufen? Na, und weißt, da hat der Mensch mich gfragt nach meinm Alter, und da hab i ihm gsagt: Dies ist ja schließlich mein Alter, net? Ist ja net Ihres, geht Sie nix an, net? Sie ham Ihr Alter und i hab mei Alter. Hat der gesagt: Na ja, schreib mer halt was rein.

IX

Die Gastprofessur in Princeton war ja nicht für immer. Sie wurde noch um ein Jahr verlängert, und dann lief sie 1940 ab. Den Sommer 1940 verbrachten wir in Kalifornien und waren hell begeistert von diesem Land und seinem Klima. Die kalifornische Landschaft erinnerte sehr an Israel. Meinem Mann gefiel sie; wir haben auch bald ein wunderschönes Grundstück gefunden, das verhältnismäßig billig war, und haben uns dort eingekauft. Irgendein Filmmann aus Hollywood hatte es erworben, aber die Lust daran verloren, und dann hat er es billig weggegeben. Mit einem herrlichen Blick aufs Meer und auf Catalina-Island war es schön gelegen, mit Palmen und Orangen- und Zitronenbäumen in seinem großen Garten. Dann haben wir einen guten Architekten gefunden, und als Innenarchitekten gewannen wir den Sohn von ehemals reichen Berliner Kohlenmagnaten, Huldschinsky. Dieser außerordentlich kultivierte Emigrant fristete drüben sein Leben als Innenarchitekt, und er kam zu mir, fragte mich, ob er nicht unser Haus inneneinrichten könnte. Ich sagte: Ja, lieber Paul, ich habe alles Zutrauen, aber das können wir uns gar nicht leisten, wissen Sie?
Worauf er mir erwiderte: Ich würde überhaupt so gut wie nichts dafür nehmen, nur grad die Deckung der Unkosten, aber wenn es dann in Hollywood überall heißt, ich habe das Haus von Thomas Mann eingerichtet – das würde mir sehr nützen, das wäre eine sehr gute Reputation.
Aber selbstverständlich sollen Sie es dann machen.

Und er hat es wunderhübsch gemacht. Es war ein reizendes Haus. Mein Mann sagte immer, es sei sein schönstes Arbeitszimmer, und er fühlte sich da sehr wohl. Das Klima ist besonders angenehm, weil es eigentlich nie zu heiß ist, außer, komischerweise, im Oktober. Da kam manchmal der Wüstenwind so heiß und so trocken, daß die Blätter auf der Schreibmaschine sich zusammenrollten. Es war eine beschwerliche Hitze. Die Nächte waren immer frisch; man hätte es eigentlich gar nicht besser haben können. Der Strand war in zehn bis zwölf Minuten mit dem Auto zu erreichen. Da fuhr ich meinen Mann jeden Tag auf die Promenade über dem Ozean, und während er ging, badete ich. Ich fuhr ihn hin und sammelte ihn wieder ein. Ich habe ihn eigentlich nie auf seinen Spaziergängen begleitet, vielleicht einmal ein Stückchen. Er ging gern allein spazieren; ich bin überzeugt, daß er auf seinen Promenaden schon immer das, was er am nächsten Tag schreiben wollte, erwog und sich zurechtlegte. Denn das war die Zeit, wo er ganz ungestört war. Ich glaube, es wäre gar nicht passend gewesen, wenn ich mitgegangen wäre. Aber es passierte alle paar Tage, daß ein Auto anhielt, wenn er ging, und er gefragt wurde: Dürfen wir Sie mitnehmen? Und dann sagte er: Nein, eigentlich lieber nicht, ich möchte ein bißchen gehen; und alle Hunde schlossen sich ihm gewöhnlich an. Amerikaner gehen wenig spazieren, jedenfalls war das damals so.

Da hatten wir nun dies Haus in Palisades gebaut, auf Hypothek natürlich; wir waren nie »reich«. Mein Mann machte viele Vortragsreisen. Wir brauchten das Geld. Etwas mußten wir ja haben. Anfangs begleitete Erika uns auf den Vortragsreisen wegen der *question period.*

Thomas Mann konnte damals noch nicht so gewandt auf Englisch antworten, Erika aber konnte das schon gut, und er sagte ihr, was sie an seiner Statt auf die jeweilige Frage antworten solle. Dann sagte sie: *my father says* ... aber sie hat es recht frei wiedergegeben. Ich weiß noch, wir waren einmal in einem College irgendwo in der Nähe von New York auf Long Island, und Erika war nicht mit.
Wie machen wir es denn nun mit der *question period?* fragte ich. Es fand sich eine Lehrerin, eine Emigrantin. Ich spreche englisch und deutsch, sagte sie, und wenn Ihre Tochter nicht da ist, würde ich das furchtbar gern tun.
Sag ich: Na gut, da sind wir sehr dankbar.
Kam also die *question period* und sie machte das immer so: *Mr. Mann says and I sink, he is quite right in dis* ...
Es hatte niemand nach ihrer Meinung gefragt, und es war etwas qualvoll anzuhören, noch dazu in diesem unzulänglichen Englisch. Ich weiß nicht, ob Tommy diese Fragestunden gern gehabt hat. Es war halt amerikanische Sitte, aber er hat sich an die *question period* gewöhnt.
Im Januar 1944 wurden wir amerikanische Staatsbürger. Die Prüfungen für die Einbürgerung waren gar nicht so leicht. Man mußte sich ziemlich vorbereiten, nicht nur die Verfassung und Regierungsressorts einigermaßen kennen, sondern auch über die Verwaltung und Gesetzgebung der einzelnen Staaten und Städte etwas wissen, was schon erheblich schwieriger war. Es war denn alles in allem ziemlich knifflig, soviel ich mich erinnere, aber wir haben beide bestanden. Ich hatte

etwas besser gelernt als mein Mann, der sich aber pfiffig und gewandt bei Punkten, die ihm etwas dunkel waren, herauszudrehen und sich vor der ihn examinierenden Dame gut herauszureden wußte. Er schrieb ihr dann eine schöne Widmung in ihr »Buddenbrooks«-Exemplar, das sie dem Richter hingeschoben hatte, und der wollte dann auch noch eine haben. So lief die Affäre wohlgefällig ab.

Max Horkheimer und seine Frau waren Zeugen; als wir hinterher die bestandene Prozedur in einem Restaurant zusammen feierten, erzählte Horkheimer, auf Ehre und Gewissen befragt, ob Thomas Mann ein wünschenswerter Staatsbürger sei, habe er geantwortet: *You bet!*

Die ganze Sache war meinem Mann etwas unangenehm den Tschechen gegenüber; er schrieb Eduard Beneš, den er verehrte, einen langen Brief und hat ihm erklärt, er möchte den Wechsel nicht für Undankbarkeit ansehen, aber da wir nun in diesem Lande lebten und weiter leben würden und die Frist abgelaufen sei, in der wir die amerikanische Bürgerschaft bekommen könnten, hätten wir diesen Schritt tun müssen. Beneš hat ihm nett geantwortet.

Es hatte sich eine ganze Kolonie Deutschlandflüchtiger – Literaten, Musiker, Film- und Theaterleute – in Kalifornien niedergelassen, von denen die meisten erst nach uns und mit unserer Beihilfe eintreffen konnten, und wo gute Nachbarschaft ist, wo gute Freunde sind, da ist ein anregender Kreis, ist Leben, ist Zuhause. An Musikern hatten Schönberg, Eisler, Walter sich dort eingefunden und sicherlich zwei Dutzend Schriftsteller

oder mehr. In der Emigration hat eigentlich jeder ein offenes Haus, und so hatten wir in Kalifornien mehr Verkehr mit Schriftstellern als in München. Vor allem standen wir, außer mit Franks, sehr freundschaftlich mit Werfels und sind viel mit ihnen zusammen gewesen. Ich hatte ihn besonders gern. Werfel verdiente, im Gegensatz zu den meisten Emigranten, sehr gut in Amerika. Mit dem »Lied von Bernadette« hatte er sofort einen Riesenerfolg. *»Song of Bernadette«* wurde *Book-of-the-Month-Club*, es kam dann der Film – er hat gleich einen Haufen Geld eingenommen, anders auch als wir in den ersten Jahren. Unsere erste große Einnahme hatten wir, als der *Book-of-the-Month-Club* die »Geschichten Jaakobs« nahm. Franz Werfel war da schon leidend, er war ja schwer herzkrank. Ich kam zu Werfels, er lag im Bett, und ich sagte ihm: Stellen Sie sich vor, jetzt ist der »Jaakob« *Book-of-the-Month-Club* geworden. Da hat er sich so gefreut, er wurde ganz rot vor Freude. Alma! Alma! rief er, komm mal her. Das mußt du hören. Ist das nicht prächtig?
Es war ihm immer unangenehm, daß er so viel mehr verdiente als die übrigen Emigranten, und als Thomas Mann diesen Erfolg, seinen ersten großen amerikanischen Erfolg, hatte, freute er sich wirklich kindlich darüber.
Alma Mahler-Werfel war eine Persönlichkeit. Mein Mann hatte sehr viel für sie übrig. Sie trank immer viel zuviel süße Liköre und war von Natur her ziemlich bös. Sie machte gern Klatschereien und hat auch Arnold Schönberg auf die Geschichte mit dem Zwölftonsystem im »Faustus« gebracht, daß Thomas Mann ihm seine Theorie atonaler Komposition gestohlen hätte. Thomas

Mann hatte sich von Schönberg, mit dem er befreundet war, dessen »Harmonielehre« ausgeliehen und studiert, aber von Diebstahl konnte nicht die Rede sein. Schönberg hatte den »Doktor Faustus« noch gar nicht gelesen, er konnte es nur von Alma haben. Er verübelte es meinem Mann sehr, und die zweite Auflage des Buchs wurde daraufhin mit einer Bemerkung versehen, dergemäß Schönberg und nicht Adrian Leverkühn Urheber dieser Kompositionslehre sei. Damit ließ sich Schönberg versöhnen.

Alma war etwas ungut, aber sie hatte eine große Ausstrahlung. Sie war schwierig und hat Gustav Mahler auch furchtbar gequält. Seine sämtlichen Freunde hat sie ihm abspenstig gemacht, den Verkehr mit seinen Freundinnen hat sie unterbunden.

Schönberg war kein sonderlich gewinnender Mensch, und die Frau, Gertrud Schönberg, mochte ich gleich nicht, aber sie hat es auch nicht grad sehr leicht mit ihrem tyrannischen Mann gehabt. Wir waren manchmal bei ihnen eingeladen, sie waren Nachbarn von uns. Man wurde tyrannisiert insofern, als Schönberg zum Beispiel keinen Zigarettenrauch vertrug und die Frau ihren Gästen das Rauchen untersagen mußte, was für Leute, die gerne rauchen, unangenehm war. So für meine Tochter Erika, eine eifrige Raucherin. Konnte sie nach dem Essen ihre Zigarette nicht rauchen, so fühlte sie sich unwohl.

Schönbergs hatten zwei Buben, die so rasend ungezogen waren, daß immer die Gefahr bestand, sie kämen in Nachthemden herunter und sagten, wenn die Eltern Gäste hatten: Wir wollen auch etwas haben. Die ein-

zige Möglichkeit, die Buben überhaupt ruhig zu halten, war, daß sie beide in den elterlichen Betten liegen durften, und die sehr hübsche, ältere Schwester Nuria, die später den Musiker Nono geheiratet hat, sie bewachte. Sonst hätten die Eltern und Gäste keine Ruhe bei Tisch gehabt.
Bei Schönbergs ging alles ein bißchen drunter und drüber. Gertrud Schönberg war kaum weniger schwierig als ihr Mann, um den sie sich, wie ich damals hörte, große Sorgen machte. Er war nicht mehr jung, er war nicht gesund, und in Amerika hatte er doch nicht die geringste Resonanz. Einer seiner ungezogenen Jungens war später der beste Tennisspieler seines Colleges und gewann viele Preise, worauf natürlich Schönberg stolz war. Aber eines Tages gingen er und seine Frau spazieren, und auf dem Weg kommt ihnen ein junges Ehepaar entgegen. Die junge Frau flüstert ihrem Mann was zu, und beide mustern Schönberg ganz genau im Vorbeigehen. Schönberg bleibt stehen und dreht sich nach dem jungen Paar um, das auch stehengeblieben ist und sich umschaut, und da hörte er grad noch, wie die junge Frau zu ihrem Mann sagte: Du, das war der Vater von Schönberg.
Schönberg war herzkrank, und er war sehr abergläubisch. Er fürchtete sich geradezu vor jeder 13 und glaubte fest, daß er einmal an einem 13. sterben werde. Schließlich war er auch schon 76. An jedem 13. war er unruhig, und abends mußte sich Gertrud Schönberg zu ihm setzen und seine Hand halten, und auf der anderen Seite des Zimmers war irgendwo eine Uhr, und er sah die Uhr an und sah zu, wie der 13. verging. Am 13. Juli – ich glaube, es war 1951 – war es genau so. Sie

saßen wieder da, und die Uhr tickte, endlich war es Mitternacht. Schönberg stand auf, ging hinauf, um sich schlafen zu legen, und Gertrud Schönberg ging wie immer in die Küche, um seinen Schlaftrunk zu machen. Er trank abends immer eine Tasse Bovril. Als sie ihm dann die Tasse hinaufbrachte, lag er leblos in seinem Zimmer. Gertrud Schönberg erschrak zu Tode und guckte auf die Uhr. Sie war schon auf die Uhr fixiert wie er. Da sah sie, daß es noch nicht Mitternacht war; die Uhr im Zimmer unten war einige Minuten vorgegangen; und jemand hat mir gesagt, daß sich Gertrud Schönberg seitdem mit der Idee herumgequält habe, er könne vielleicht nur über die Uhr so erschrocken gewesen sein; und daß er vielleicht nicht in diesem Moment gestorben wäre, wenn die Uhr ihm nicht gezeigt hätte, daß Mitternacht noch nicht vorbei war.

Wo wir Hanns Eisler kennengelernt haben, könnte ich nicht einmal mehr sagen. Ich glaube kaum bei Schönbergs. Jedenfalls haben wir ihn öfters gesehen; er war öfters bei uns und wir bei ihm. Er hat meinen Mann immer sehr unterhalten, besonders durch seine kritischen Bemerkungen über Wagner. Da hat er immer gesagt: Also, sehen Sie mal – zum Beispiel diese Stelle, das ist doch – ich sage nur immer: alter Gauner!

Sie hatten wirklich hübsche Gespräche durch ihre außerordentlich unterschiedlichen Auffassungen. Eisler war stets zum Widerspruch gereizt, und er durchschaute Wagners Effekte so sehr. Auch über Pfitzner haben sie gesprochen, über seinen »Palestrina«, ein Werk, das mein Mann mochte und das er sogar als ein bißchen ihm wesensverwandt empfand. Eisler erklärte es grad heraus für eine der ältesten Kisten. Mein Mann hörte ihm gern zu. Er war gebildet, voller Esprit und tatsächlich sehr amüsant.

Charlie Chaplin haben wir auch öfters gesehen. Wir haben ihn bei Viertels, aber auch bei Eisler getroffen. Mein Mann war das dankbarste Publikum, das sich denken läßt. Er amüsierte sich ja nie mehr in Gesellschaft, als wenn einer Geschichten erzählte. Auf großartige, tiefschürfende Unterhaltungen legte er gar keinen großen Wert. Er konnte Chaplin endlos zuhören, und Chaplin erzählte hinreißend, aus seiner Jugend, von seinem ersten Auftreten, seinen Mißerfolgen, sehr komisch, sehr lebendig und drollig. Er schauspielerte nicht dabei, aber er war eben ein sehr amüsanter Erzähler. Mein Mann saß Tränen lachend da und mußte sich immerfort die Augen wischen. Ich habe Chaplin später noch einmal in Vevey besucht, dort hatte er einen schönen Besitz; aber da lebte mein Mann nicht mehr.

Zwischen Bert Brecht und meinem Mann bestand keine Sympathie. Sie paßten irgendwie nicht zueinander. Wir sind ihm in Kalifornien gelegentlich begegnet. In Deutschland hat Thomas Mann ihn wohl gar nicht gekannt. Ich weiß noch, Therese Giehse brachte ihm einmal ein Stück von Brecht mit nach München. Die Giehse war ja mit beiden, mit Thomas Mann wie mit Bert Brecht befreundet, und als mein Mann ihr nach der Lektüre das Stück zurückgab, sagte er: Sieh mal einer an, das Scheusal hat Talent!
Diese spitz-anerkennenden Worte übermittelte die Giehse Brecht, worauf der ihr böswillig geschmeichelt

sagte: Seine Kurzgeschichten fand ich eigentlich immer ganz gut. Brecht hat, soviel ich weiß, nie einen Roman von Thomas Mann gelesen.

Wegen der »Mutter Courage« hat mich jemand mal gefragt: Wissen Sie, warum in dem Stück eine Stumme vorkommt?

Ich sagte: Nein, ich weiß es nicht. Es hat eigentlich auch was Überraschendes, in einem Schauspiel eine Stumme auftreten zu lassen. Da sagte der: Diese Rolle hat Brecht für seine Frau geschrieben, weil sie damals, als sie in Schweden waren, noch nicht lange genug da waren, um die Sprache zu lernen. Die Weigel konnte kein Schwedisch. Darum hat er die Rolle einer Stummen für sie ausgedacht. So wenigstens hat man es mir erzählt.

Brechts Verteidigungsrede vor dem *Committee of Un-American Activities*, später allgemein McCarthy-Ausschuß genannt, wurde im Radio übertragen, und da habe ich sie gehört. Der Brecht war ja schlau. Er stellte sich dumm, und die anderen waren dumm. Diese ganze Geschichte mit den *loyalty checks* war der größte Unfug, aber heute ist es schon wieder fast ebenso schlimm. Wir haben die ganze sogenannte McCarthy-Zeit mitgemacht, und mein Mann wurde dauernd als Kommunist angegriffen, was er nie im Leben war.

Alfred Döblin war auch nach Amerika emigriert, konnte sich aber gar nicht durchsetzen, hatte kein Publikum dort und einfach keinen Erfolg, worüber er sehr verbittert war. Er war immer schlecht zu sprechen auf Thomas Mann, dessen Ansehen und Erfolg im Gegensatz zu ihm in Amerika ständig stiegen. Es gibt Leute, die das Gefühl haben, es gäbe nur ein gewisses Maß von Erfolg in der Welt, und hat ein anderer den Erfolg, nimmt er ihn ihm weg. Ein bißchen so war leider Döblins Gefühl. Seine Sachen lagen den Amerikanern nicht; dafür konnte mein Mann natürlich nichts. Er hat jede Gelegenheit benützt, Döblin herauszustreichen und ihm Geldmittel zufließen zu lassen. Auch die Feier seines 65. Geburtstags war mit einer Geldspende verbunden, an der wir uns beteiligt hatten.

Döblin ging es sehr schlecht, denn die Notverträge der Filmgesellschaften MGM und Warner Brothers liefen ja nach Jahresfrist ab. Diese Scheinverträge als *scriptwriter* hatten es einer ganzen Reihe von *Refugee*-Schriftstellern, unter ihnen Heinrich Mann, ermöglicht, nach Amerika einzuwandern und zumindest für den Anfang eine gesicherte Existenz zu haben, wenn es auch fast nichts war, was man ihnen für ihre Dienste auszahlte. Mein Mann hat sich für mehrere Autoren um die Verlängerung des Kontrakts verwandt, auch für Döblin, der ihm aber seine Bemühungen nicht gelohnt hat, im Gegenteil, er hat sich überall gegen Thomas Mann ereifert. Als er 1945 sofort nach dem Krieg ins Deutschland der französisch besetzten Zone zurückging, ist sein Haß ganz offen zutage getreten. Er wurde mit dem Rang eines französischen Obristen bekleidet und gab eine deutsche Zeitschrift namens »Das Goldene Tor« im Auftrag der französischen Regierung heraus, und darin hat er gehässige Aufsätze gegen Thomas Mann publiziert von einem Menschen namens Lüth. Der schrieb auch über den »Zauberberg«, den er offenbar gar nicht gelesen hatte, jedenfalls nicht genau kannte, denn

er schrieb: Und eine besonders verunglückte Figur ist die Asketin Naphta.
Dieser Lüth erfand überhaupt allerhand kuriose, falsche und dumme Dinge über das Buch. Paul Rilla, ein Bruder von dem jetzt noch im Film tätigen Walter Rilla, hat eine Erwiderung auf diesen ungewöhnlich dämlichen Aufsatz mit der Dame Naphta geschrieben. Es war beschämend, wie sehr und mit welchen Mitteln Döblin Thomas Mann verfolgte und herabzusetzen suchte. Er hatte es gar nicht nötig. Seine literarischen Verdienste waren doch groß genug und seine eigene Schöpferkraft auch.
Paul Rilla ist nun schon lange tot. Mein Mann hat ihm damals für seine Erwiderung sehr gedankt. Walter Rilla lebt noch. Er ist ein recht angesehener Schriftsteller und auch ein sehr guter Schauspieler. Im »Felix-Krull«-Film hat er den Lord Kilmarnock gespielt. Mit ihm stehe ich in entferntem Briefwechsel. Er schreibt gelegentlich.

Heinrich Mann war sehr unglücklich in Amerika. Auch er und seine Frau hatten über einen Scheinvertrag mit den Hollywood-Firmen eine Einreisegenehmigung bekommen, aber Heinrich war in Amerika vollkommen unbekannt. Außer dem »Henri Quatre« wurde nichts übersetzt, und niemand wußte von ihm, außer einigen Emigranten. Der erste Band des »Henri Quatre«, den L. B. Fischer herausbrachte, war ein entschiedener Erfolg, der zweite dann viel weniger. Das war sehr unrecht, und mein Mann litt sehr darunter. Heinrich lebte in Armut, wir unterstützten ihn soweit wir konnten, und er lebte in eigenbrötlerischer Zurückgezogenheit.

Er bekam zwar anfangs über Maxim Litwinow, den sowjetischen Botschafter in den USA, eine finanzielle Unterstützung, aber das reichte nicht hin und blieb dann auch aus. Litwinow übermittelte ihm die Honorare für seine Veröffentlichungen in Rußland, keine für sein Leben ausreichende Zahlung, und da sprangen wir eben immer ein.

Daß Thomas Mann nach seiner Lungenoperation über gleichem Wege, also über Litwinow, Ampullen und Medikamente für seine Genesung geschickt worden seien, ist eine Legende. Es ist nichts dergleichen geschehen, war auch gar nicht nötig, weil er die Operation ganz überraschend gut überstanden hatte. Er war damals gerade 70, und im Hospital sagten sie, das sei das erste Mal, daß sie eine so schwere Lungenoperation bei einem Mann in dem Alter durchgeführt hätten. Gleichzeitig machten sie dieselbe Operation bei einem Mann von 35 Jahren, und mein Mann ist schneller zu Kräften gekommen als dieser so viel jüngere Patient. Thomas Mann glaubte zwar, daß er mit 70 stürbe wie seine Mutter, und er hat es ja auch geschrieben, ist deswegen auch damals interviewt worden, aber ich kann mir nicht denken, daß er das ganz fest geglaubt hat. Er war nicht eigentlich abergläubisch. Er hing an der Zahl 7, er hing auch an der Mutter, aber daß er ernstlich überzeugt war, mit 70 werde er bestimmt sterben, bezweifle ich. Er sagte, diese immerhin lebensgefährliche Erkrankung sei Ersatz für den Tod gewesen, sagte ferner, er hätte sich vielleicht nicht so schnell erholt, wenn er nicht so gern und möglichst rasch zu seiner Arbeit zurück gewollt hätte. Er schrieb am »Doktor Faustus« und wollte das Buch partout zu Ende schreiben.

Als sich die Krankheit herausstellte, war ich in einer schlimmen Lage. Keiner war da, die Kinder waren im Krieg, ich hatte die ganze Verantwortung, umgeben von allen Seiten mit Ratschlägen, ich müßte diesen und jenen Arzt zuziehen, müßte dieses und das und das. Ich ließ einen Spezialisten kommen, einen Doktor Rosenthal. Er untersuchte meinen Mann, und als ich ihn fragte: Nun, was ist Ihr Eindruck? sagt er: Die Sache ist bösartig, eine Geschwulst, ein Krebs – *and now we are going upstairs and tell the patient to be patient.*

Sage ich: *We are not going upstairs and we are not going to tell him.*

Später habe ich Tommy erklärt: Du, Dr. Rosenthal hat dich sehr genau untersucht, und du hast offenbar tatsächlich einen Abszeß an der Lunge, den man entfernen sollte, und wir sollten möglichst zu einem erstklassigen Lungenchirurgen gehen.

Ich habe mich erkundigt, ich habe Martin Gumpert angerufen, der außer dem Vorbild zum Mai-Sachme im letzten »Joseph«-Band auch ein sehr guter Arzt war, und uns ist Dr. Adams in Chicago als absolut erstklassig empfohlen worden.

Eins, zwei, drei, haben wir meinen Mann nach Chicago gefahren, und dann hat es noch eine ganze Weile gedauert, bis sie ihre Voruntersuchungen ausgewertet hatten. Sie machten auch noch eine Bronchoskopie, bei der sich die Geschwulst bestätigt fand. Die Operation ist vollständig geglückt. Mein Mann wußte im Grunde ganz genau, um was es ging, was auf dem Spiele stand; er wollte es aber niemals wahrhaben. Als Heinrich davon hörte, daß Tommy operiert werden müßte, war er außer sich und besorgt; er hat mir gesagt, er möchte

doch mitfahren nach Chicago. Mit Mühe habe ich das verhindert, weil ich wußte, es würde meinen Mann außerordentlich beunruhigen. Es war sehr lieb von Heinrich gedacht, aber ich konnte ihm nur sagen: Heinrich, bitte tun Sie das nicht. Da würde Tommy ja denken, es ginge zu Ende mit ihm. Bitte, das müssen Sie nicht machen. Er schickte ihm dann auch noch ein Telegramm ins Hospital, das ich meinem Mann gar nicht gezeigt habe, weil daraus wieder eine so tiefe Sorge hervorging, daß mein Mann hätte denken müssen, er sei in schwerster Lebensgefahr. Gott sei Dank war er es nicht. Aber Heinrich hing wirklich in überraschendem, zunehmendem Maße an dem jüngeren Bruder. Seine Zuneigung ist in den Jahren immer gewachsen, auch seine Bescheidenheit. Es war nicht Koketterie, als er mir einmal so gesprächsweise sagte: Also, von uns beiden ist Tommy der größere, das ist sicher, und darüber bin ich mir ganz klar. Er hat es wirklich empfunden und verehrte den Bruder geradezu. Erika hat er einmal gesagt: Politisch verstehen wir uns ja jetzt sehr gut, dein Vater und ich, bloß dein Vater ist etwas radikaler.
Als Heinrich seine Frau verloren hatte, wohnte er eine Zeitlang bei uns, bis ich ihm eine neue Wohnung gefunden hatte und, hilflos wie er war, habe ich ihn dann alle weiteren Jahre hindurch betreut. Die Sache mit Nelly war nicht schön. Als sie noch lebte, wurden wir alle Augenblicke angerufen, sie sei wieder in der Gosse gefunden worden. Sie fuhr Auto, was sie in Kalifornien gelernt hatte, und war mehrfach betrunken am Steuer. Trunkenheit am Steuer wurde doch schwer bestraft, nicht wahr? Zweimal lieferte man sie in ein Nervensanatorium ein, öfters schon hatte sie

versucht, Selbstmord zu begehen, bis sie, beim fünften Male schließlich, durch eine Überdosis an Schlaftabletten sich das Leben genommen hat.

Heinrich hat wohl sehr unter ihren Depressionen, dann unter ihrem Verlust gelitten. Der Tod seiner Frau vereinsamte ihn noch mehr. Aber er rief bei uns an, und als ich ihn fragte: Nun, Heinrich, wie geht's denn bei euch? sagte er: Nicht gut. Nelly ist soeben gestorben.

So war er – ein sehr sonderbarer Mensch.

Er war auch sehr eitel. Nelly und er hatten eine, nach meiner Ansicht, sehr wenig hübsche, ungemütliche, altmodische Wohnung nahe der Stadt Los Angeles, ein ganzes Stück weit von uns entfernt. Wenn Heinrich zu uns kam, holte ich ihn immer mit dem Auto und brachte ihn wieder zurück. Als nun Nelly gestorben war, hat ihm der Hauswirt gekündigt. Eine Zeitlang waren die Mieten ja eingefroren, aber da war der Mieterschutz schon wieder aufgehoben. Heinrich hing sehr an der Wohnung, weil sie mit Erinnerungen an Nelly verbunden war, und wollte absolut nicht weg. Er hatte einen Brief aufgesetzt, der ins Englische übersetzt werden mußte, und in diesem Schriftsatz hieß es: Mr. Mann wird diese Wohnung nicht aufgeben, weil er nicht will und weil er nicht muß.

Er mußte aber. Ich habe ihm in Santa Monica eine sehr nette Wohnung gefunden, gar nicht weit von uns, was natürlich für mich, auch für ihn, viel besser war. Eigentlich war es genau das, was er brauchte. Das Haus hatte einen schönen großen Wohnraum mit einer Ecke zum Essen, Küche, Bad und zwei Schlafzimmer, eins für ihn und eins für seine Haushälterin, die gleichzeitig auch gelernte Krankenpflegerin

war, eine Emigrantin, bei der er es so gut hatte, wie er es mit keiner seiner sonderbaren Frauen je gehabt hat.
Es war eine glückliche Wohnung, fand ich, und ich sagte ihm: Heinrich, jetzt habe ich wirklich etwas Schönes für Sie gefunden. Ich glaube, das wird Ihnen auch gefallen. Wir fahren heute nachmittag mal hin und schauen es uns an.
Ich zeigte ihm alles: Sehen Sie mal das schöne große Wohnzimmer, und dort ist Platz für Ihre Regale, dort können wir Ihre Bücherschränke aufstellen. Da ist dann Ihr Schlafzimmer und das ist für Ihre Hilfe. Sagt er: Ja, und wo speist man?
Ich sagte: Gott, Heinrich, ich dachte, da in der Wohnzimmerecke? Wenn man den runden Tisch und die Eßzimmerstühle da hinstellt? Ich meine, große Diners geben Sie doch im allgemeinen nicht. Und da drüben ist die Küche mit einer Durchreiche für die Speisen.
Aber: Wo speist man! Er hatte seine Ansprüche und brachte sie wieder in dieser sonderbaren Mischung aus Förmlichkeit und Komik heraus. Er hat dann die Wohnung gnädig angenommen, ich richtete ihm alles her, und dann zog er ein.
Je älter er wurde, desto anhänglicher wurde er an Lübeck und las auch plötzlich die »Buddenbrooks« wieder und sprach auch im hohen Alter immer stärker lübeckisch.
Eines Tages schrieb ihm irgendein alter Bekannter aus Lübeck, mit dem er aber gar nicht befreundet war. Dieser Bekannte malte gerne in Öl, war Rechtsanwalt, auch schon ein alter Herr. Der schrieb Heinrich, ob er ihm nicht Ölfarben verschaffen könnte. Sofort rief Heinrich

an: Also, Katia, dieser Herr braucht dringend Ölfarben, gelt, besorgen Sie sie bitte gleich und schicken Sie sie. Ich sag': Heinrich, jetzt ist es acht Tage vor Weihnachten. Da habe ich wirklich so furchtbar viel zu tun. Alle Kinder kommen, ich muß so viel einkaufen und erledigen. Können wir es nicht gleich nach den Feiertagen machen?
Sagt er: Also, Katia, Sie sind doch viel zu gewissenhaft, um es nicht zu tun. Warum dann nicht gleich?
Dann machte ich es auch »gleich«.
Er hatte die Ernennung zum Präsidenten der Akademie in Ost-Berlin noch angenommen. Es war schön, daß dieser Ruf kam, aber gleichzeitig habe ich es mit großer Sorge gesehen, denn Heinrichs Gesundheit war angegriffen, und ich dachte, man wird ihn dann groß ausstellen, er wird Reden halten müssen und mit öffentlichem Auftreten strapaziert werden; dafür ist er nicht mehr der Mann. Ich habe auch an die Akademie geschrieben, wenn er kommt, muß er mit großer Schonung behandelt werden. Er ist kein Mann, der sich hinstellen kann in der Versammlung und reden, da ist große Fürsorglichkeit und Rücksicht vonnöten.
Er hat's nicht mehr erlebt, und vielleicht war das ganz gut so, obgleich ihm ein Lebensabend in Würde und Ehren nach einem unbedankten Jahrzehnt in einem Amerika, das keine Notiz von ihm nahm, mehr als zu wünschen gewesen wäre.
Er hat einen sehr sanften Tod gehabt. Morgens rief mich seine Pflegerin an: Ach, Herr Mann wacht gar nicht auf. Sein Herz schlägt noch, aber er ist wie leblos, er wacht nicht auf.
Ich sagte sofort: Das wird wohl nichts Gutes bedeuten.

Man sollte besser einen Arzt kommen lassen. Der Arzt diagnostizierte sofort auf Gehirnblutung.
Heinrich hatte seinen letzten Abend vorm Radio verbracht und Musik gehört. Er liebte italienische Musik, und unsere dortige Radio-Station sendete an dem Abend ein Puccini-Konzert. Puccini, den Heinrich über alles gern mochte. Da hat er zugehört, ist munter und freudig ins Bett gegangen und eingeschlafen, um nicht wieder aufzuwachen. Er war 78, und sein Tod kam ganz kurz vor seinem Geburtstag am 27. März. Golos Geburtstag fällt auch auf diesen Tag, und er hatte dem Neffen noch gesagt: Nicht wahr, am 27. März da wird gefeiert. Daß du da herüberkommst!
Golo war damals Professor in Claremont, einem mehrere Autostunden von uns entfernten College. Aber Heinrich insistierte: Da mußt du kommen, Golo!
Zu diesem Doppelgeburtstag kam es denn nicht mehr.

Adornos lebten auch in Kalifornien, und Adorno, Wiesengrund-Adorno, hat meinen Mann bei »Doktor Faustus« musikalisch beraten. Mein Mann kam sehr gut mit ihm aus und hat ihm in der »Entstehung des Doktor Faustus« großen Dank für seine Ratschläge und seine hilfreiche Unterstützung gezollt. Bruno Walter hat ihn nicht beraten; auch mit Schönberg hat er sich nicht eigentlich beraten, obschon mein Mann Schönberg gesprächsweise über manche Dinge ausholte, wenn er zu uns kam oder wir bei ihm waren. Auch Schönberg hatte, glaube ich, diese Gespräche sehr gern, aber der eigentliche Berater meines Mannes war Wiesengrund-Adorno.
Mein Mann hat Bruno Walter vorgelesen, partienweise,

und Walter hat sogar Anstoß an dem Gedanken genommen, demgemäß die Musik etwas so Unheimliches, Gefährlich-Dämonisches, nachgerade Teufelsbündnis bedeuten könne. Davon wollte er nichts wissen. Wie denn die Musik? Wie kann denn die Musik, etwas so Erhabenes, die Musik, die die Kindlein zu sich kommen lasse, jemand so gefährden? Das wollte er gar nicht einsehen.

Wiesengrund-Adornos Ratschläge waren musikalisch-technischer Art, und da war er sehr bewandert. Ich glaube, sie haben wohl kaum diskutiert, es ging sehr glatt, und mein Mann hat ihm kaum widersprochen. Sie haben sich unterhalten, mein Mann hat ihn gefragt, aber Adorno hat ihm nichts andiktiert.

Da Adrian Leverkühn ein moderner Musiker war, hat Adorno meinen Mann für die späteren Kompositionen seines Helden, wie die »Apocalipsis cum figuris«, beraten können, darin ist kein Zweifel, auch für Kretschmars Auslegung der Beethovenschen Klaviersonate opus 111; dennoch ist es durch und durch die Diktion meines Mannes. Adorno hat ihn auf manches aufmerksam gemacht, es Thomas Mann erklärt und ihm die fachmännischen Begriffe genannt.

Es ist ein großer Irrtum, wenn Adorno im nachhinein glaubte, er hätte im wesentlichen das Buch geschrieben, da die Musik doch eine ziemliche Rolle in ihm spielt. Er war doch zuweilen wie närrisch vor Anspruch und Blasiertheit. Das war sehr komisch, und es gibt ein paar kuriose Anekdoten um »seinen« »Faustus«. Wir hatten eine gemeinsame Freundin namens Eva Herrmann, sie machte ausgezeichnete Karikaturen und hatte sehr viel Geschmack. Eva Herrmann hatte sich ein reizendes, nicht großes Haus gebaut und konnte deshalb ihre Freunde nur stets reihum zum Essen einladen. Sie hatte einen großen Wohnraum, aber es hatten nie mehr als sechs Personen bei ihr zum Speisen Platz, so lud sie für nach Tisch immer noch sechs bis acht Personen zu Kaffee und Schnäpsen. Adornos waren vor vierzehn Tagen dort zum Abendessen gewesen, nun waren wir und noch ein anderes Ehepaar an der Reihe. Ich weiß nur nicht mehr, wer diese Leute waren. Da passierte das Malheur, daß der elektrische Herd durch einen Kurzschluß versagte, das Essen sich um vierzig Minuten verspätete. Infolgedessen kamen die Gäste zum *après* zu früh, schon um ein Viertel nach neun trafen sie ein, und als erste kamen Adornos. Unsere Freundin lief sofort hinaus ins Wohnzimmer und sagte: Es ist ein kleines Malheur passiert, das Essen hat sich aus den und den Gründen um vierzig Minuten verspätet, es tut mir furchtbar leid. Wir werden wohl noch eine kleine Zeit bei Tisch sitzen, aber wenn Sie inzwischen ein wenig in die neuen Journale hineinschauen wollen, die neueste Ausgabe des »New Yorker« ist da, vielleicht interessiert Sie das, schauen Sie sich halt ein bissel um. Da sagt Wiesengrund-Adorno: Daß Sie mich hier warten lassen, ist ein solcher Affront gegen Thomas Mann, daß ich das wirklich nicht so hinnehmen kann. Es ist mir unbegreiflich.

Es war eine sonderbare Auffassung, diese Identifikation mit Thomas Mann. Na, und eines Nachmittags, mein Mann hatte sich nach Tisch hingelegt, wie er es immer machte, saß ich im Zimmer und war mit irgend etwas beschäftigt. Das Zimmer hatte eine Tür, die zum Garten führte; sie stand offen; plötzlich sehe ich, wie Wiesengrund-Adorno durch den Garten kommt, und er hat einen ganz dunklen Anzug an. Er kommt herein und ich sage: Aber Herr Doktor, so feierlich und durch den Garten ... Er macht ein ganz ernstes und formelles Gesicht und sagt: Ja, es ist eine ganz unangenehme Sache, und fragt mich, ob er meinen Mann sprechen könne. Ich sage: Nein, Sie wissen doch, er schläft, aber wenn Sie die halbe Stunde noch warten wollen.

Er setzte sich und leistete mir Gesellschaft, und plötzlich kam er auf seine große Sorge zu sprechen: Mein Mann habe in seiner »Entstehung des Doktor Faustus« Horkheimer nicht erwähnt. Ich sag' zu ihm: Aber wieso denn? Herr Horkheimer ist unser lieber Freund, doch mit der »Entstehung des Doktor Faustus« hat er nicht das allergeringste zu tun gehabt, und daß Sie meinem Mann geholfen haben, das ist ja lang und breit beschrieben. Wiesengrund-Adorno sagte: Nein, nein, das geht unmöglich. Horkheimer wird tief verletzt sein. Ich darauf: Ja, was machen wir denn da? Und er: Ich sehe nur eine Möglichkeit, daß Ihr Gatte jetzt wenigstens Horkheimers neues Buch bespricht, etwa in der »New York Times«.

Und ähnlich wurde die Sache beigelegt: Das Buch war von Horkheimer und Adorno. Es war ihre »Dialektik der Aufklärung«. Mein Mann bekam es geschickt, und als Golo kam, sagte er zu Golo: Du, davon verstehe ich gar nichts. Kannst du denn die Besprechung nicht schreiben? Golo schrieb sie; die »New York Times« druckte sie unter dem Namen Thomas Mann.

Als wir schon zurück waren und wieder in der Schweiz lebten, kamen eines Tages – es muß 1952 oder 1953 gewesen sein – Studenten aus Frankfurt zu uns, vom dortigen Soziologischen Institut, wo Adorno lehrte; sie interviewten meinen Mann und fragten ihn nach Adorno aus. Mein Mann sagte: Ja, ja, Adorno war mir in musikalischen Dingen sehr behilflich. Da sagte ich: Gewiß, aber das ist kein Grund für ihn zu glauben und glauben zu sollen, er habe das Buch geschrieben. Die Studenten haben's Adorno berichtet, und ich habe mich natürlich nicht sehr beliebt bei ihm gemacht. Aber, ich meine, Tatsachen gehen doch immer noch vor Eitelkeit, oder?

Es war schon ein Phänomen mit Thomas Manns Arbeitsweise. Wenn er ein Buch schrieb, so vertiefte er sich ungeheuerlich in seinen jeweiligen Gegenstand und studierte viel und stets noch, während er daran saß. Er verschaffte sich alles Wissenswerte, beschaffte sich eine Menge Material, doch sowie das Buch fertig war, hatte er alles bald wieder vergessen. Er interessierte sich nicht mehr dafür.
Zur Zeit des »Doktor Faustus« war er, neben anderem, ein großer Musiktheoretiker, zur Zeit des »Joseph« ein großer Ägyptologe, Orientalist und Religionswissenschaftler, ein Mediziner für den »Zauberberg« – aber merkwürdig rasch vergaß er alle seine Hilfsmittel wie seine Kenntnisse.
Im Thomas-Mann-Archiv in Zürich stehen alle Bücher, die er für den »Joseph« benützt hat. Er hat sich sehr lebhaft mit orientalischen Dingen beschäftigt, hat sie sich angeeignet und alles ins Buch verarbeitet, und dann, mit einem Male, sowie er das *finis operis* schreiben konnte, interessierte ihn Orientalismus nicht mehr. So ging's mit allem. Wissenschaftler-Qualitäten hatte

er nicht. Er nahm, was er brauchte, und mehr wollte er nicht. Er hat auch in scherzender Weise gesagt, mehr über eine Sache, als in seinem Werk vorkomme, wisse er nicht, mehr fragen und examinieren dürfe man ihn nicht.

Nur, wie gesagt, für die Musik hat er sich immer interessiert. Sie war die Ausnahme. Diese Neigung erlosch bei ihm nie. Dagegen bekam mein Sohn Michael die Musik doch plötzlich satt. Gewiß, es ist ein Unterschied zwischen Neigung und berufsmäßiger Ausübung, aber Michael sagte plötzlich, es war noch in Amerika, er sei die Musik leid, immer den Leuten Sachen vorspielen, die sie gar nicht so gern hören, außerdem: Konzerte geben und der ganze Betrieb drumherum – es rege ihn auch so auf und er mag es nicht mehr. Er hatte Violine studiert. Aber auf Anraten seines dortigen Lehrers, eines angesehenen Geigers namens Temianka, ist er zur Viola übergewechselt. Dieser Temianka sagte ihm: Wissen Sie, wir haben viel mehr Aussichten, wenn Sie von der Geige zur Bratsche wechseln, denn es gibt so viele hervorragende Geiger und so wenige Bratschisten. Und dann bekam Michael gleich ein Engagement als Bratschist im San-Francisco-Symphonie-Orchester und war dort ein paar Jahre. Später hat er sich als Solo-Bratschist etabliert, hat zahlreiche Konzerte gegeben und ist auf große Tourneen gegangen. Nun ist die klassische Literatur für Bratsche nicht sehr groß, und da hat er sich auf moderne Musik spezialisiert, die ich immer sehr häßlich fand. Er konnte alle Stücke auswendig. Ich verstand gar nicht, wie das möglich ist. Er war sehr musikalisch und ganz angesehen. Plötzlich hat er's hingeschmissen und ist, schon an die vierzig, nach Harvard gegangen und hat angefangen zu studieren. Komischerweise hat er seinen Doktor nicht in Musikwissenschaften, sondern in Germanistik gemacht. In Berkeley bekam er sofort eine Assistenz-Professoren-Stelle, und jetzt ist er dort Ordinarius.

Es ist sein großes Glück, daß er die Frau hat, die er hat, meine sehr liebe, reizende Schwiegertochter Gret. Sie ist eine sehr gute Hausfrau, war eine Schulfreundin von Elisabeth, und schon damals haben sie zusammen große Reisen unternommen. Medi hatte einen kleinen, uralten Fiat, den wir das »Wunder« nannten, weil es ein Wunder war, daß er fuhr; und mit dem »Wunder« reisten sie nach Italien und überall hin. Michael und sie haben sich dann verlobt, und als wir in Amerika waren, kam Gret nach; dann wurden die beiden vermählt. Michael war so lächerlich jung, als er heiratete, daß der Kirchendiener fragte: *Now, where is the bridegroom?*

Er sagte: *That's me!*

That's you? Der konnte es gar nicht glauben. Michael war neunzehn oder zwanzig und sah noch jünger aus.

Jetzt haben sie schon silberne Hochzeit gehabt und haben zwei Buben, von denen der eine, der kleine Frido, das Modell zum Nepomuk Schneidewein im »Faustus« abgegeben hat. Mein Mann liebte diesen Enkel sehr. Als er Bruno Walter damals von seinem Plan schrieb, den kleinen Fridolin im Buch eine Rolle spielen zu lassen, antwortete Walter ihm ganz freudig, das sei eine schöne Idee, und er denke sich dieses Kapitel als ein Allegretto moderato. Er konnte sich nicht vorstellen, daß es mit dem Kinde Echo ein ganz anderes Ende nehmen würde und müßte im Buch.

X

Amerika hatte sich nach Roosevelts Tod so verändert, vor allem in der sogenannten McCarthy-Periode, so daß wir uns da nicht mehr wohl fühlten. Bis 1952 lebten wir noch drüben und waren eigentlich noch keineswegs entschlossen wegzugehen, sondern gewillt, vorerst die politische Entwicklung abzuwarten. Nach Deutschland zog es uns ohnehin nicht zurück; da war damals noch zu viel Haß und Mißverständnis – so blieb uns die Schweiz, wo wir immer sehr gern gewesen waren. Aber trotz dieser Anhänglichkeit wären wir vielleicht doch wieder nach Amerika zurückgekehrt, wären die Dinge anders verlaufen und etwa Adlai Stevenson zum Präsidenten gewählt worden. Übrigens war es ja so, daß wir jedes Jahr nach Europa kamen, zuerst mit dem Dampfer, die letzten Jahre mit dem Flugzeug, was doch eigentlich sehr unpraktisch und kostspielig war. Ich sagte: Es ist im Grunde gescheiter, wir bleiben in der Schweiz und fliegen gelegentlich nach Amerika.

Im Jahr 1949, im Goethe-Jahr, waren wir nach sechzehn Jahren das erste Mal wieder in Deutschland. Erst waren wir in Frankfurt, wo mein Mann in der Paulskirche seine Goethe-Rede hielt, dann reisten wir weiter nach Weimar. Das war unsere Bedingung: beide Goethe-Städte zu besuchen, Frankfurt und Weimar, und mein Mann hat es auch ausdrücklich in seiner Rede in Frankfurt gesagt: Für mich gibt es nur ein Deutschland, ein Deutschland als Ganzes und kein in Zonen geteiltes Vaterland, und, wie Sie wissen, werde ich von hier aus nach Weimar fahren.

Da hörte ich die Leute um mich herum tuscheln und fragen: Ja, ist er denn ein Kommunist?
Die Reise nach Weimar wurde ihm sehr verübelt. Vom Konsulat in Frankfurt wurden wir auch noch darauf aufmerksam gemacht, daß es natürlich keinerlei Rechte gäbe, einem amerikanischen Bürger zu untersagen, nach Weimar zu gehen. Sie wollten uns nur darauf aufmerksam machen, daß es sehr ungern gesehen würde. Da haben wir gesagt: Na, dann werden Sie es eben ungern sehen. Was weiter!
Nach diesem ersten Aufenthalt in Deutschland verspürten wir wenig Lust auf weitere Besuche, aber ein paarmal sind wir, auf Einladungen hin, doch noch gekommen.
1954, nach über zwanzig Jahren also seit der Emigration, kamen wir das erste Mal wieder ins Rheinland. Mein Mann hatte einen Vortrag an der Universität in Köln zu halten, wo er aus dem »Felix Krull« las, und im Herbst desselben Jahres erschienen dann die »Bekenntnisse des Hochstaplers«. Der Kölner Germanist Wilhelm Emrich hatte die Lesung vermittelt, und er schrieb auch an meinen Mann, er glaube, Ernst Bertram, der bei Köln in Marienburg lebte, würde sich so sehr wünschen, daß bei dieser Gelegenheit Kontakt aufgenommen werde und eine Versöhnung zustande komme, und mein Mann antwortete ihm: Ach, wissen Sie, ja, ja, sicher, er hätte nichts dagegen.
Erst hatten wir Bertram nicht treffen wollen. Nach dem Zusammenbruch ging es ihm sehr schlecht. Die Amerikaner haben ihn nicht entnazifiziert, er hatte seine Stellung verloren und sollte keine Pension bekommen. Da haben sich Freunde von Bertram an meinen Mann

gewendet, er solle doch für Bertram eintreten. Das hat mein Mann getan. Er hat an die entsprechenden Stellen einen Brief geschrieben: Er, Thomas Mann, höre so und so über Bertram, man müsse bedenken, er sei ein sehr bedeutender Gelehrter, sei ein schöpferischer Mensch, aber zeitweise etwas in die Irre gegangen. Das entspräche eben seinem Verhältnis zum Deutschtum, er sei zwar ein sogenannter Edelnazi gewesen, aber er habe nichts Böses getan. Das hat sehr genützt. Bertram hat seine Pension bekommen und durfte wieder publizieren.

In Köln war Bertram in der Vorlesung, da haben wir ihn aber gar nicht gesehen, denn als wir ihn später, wie verabredet, in seinem Haus in Köln-Marienburg besuchten, stellte sich heraus, daß er schon sehr schwer hörte und gar nichts verstanden hatte. Er war furchtbar aufgeregt und herzlich und hat sich offensichtlich sehr gefreut. Er hatte etwas ausgesprochen Tantenhaftes. In seiner Wohnung hatte er lauter kleine Erinnerungen an seine verschiedenen Patchen und Nippsachen und lauter so Zeug herumstehen, und wir sahen uns alles an, und dann wollten wir gehen. Da sagte er: Ja, ich hatte eigentlich auch ein paar Erfrischungen bereitgestellt; seine Aufregung über den Besuch war so groß, daß er alle Formen der Gastlichkeit darüber vergessen hatte. Wir sagten: Das ist ja reizend, und dann hat er prachtvoll aufgefahren, und wir haben noch bei ihm gespeist. Zwischendurch sagte er so: Also, natürlich, wenn man in Deutschland lebt, hat man ja gar keine richtige Möglichkeit, die Dinge einzusehen und zu überblicken, man hat ja das meiste auch gar nicht gewußt...

Und ich sagte: Ja, gewiß, man konnte es gar nicht übersehen, das sehe ich vollkommen ein. Das konnten Sie ja gar nicht, das konnten wir nur von außen sehen.
Das ging ganz gut, und wir trennten uns freundlich voneinander. Dann habe ich mich aber furchtbar über ihn geärgert, weil Tommy ihm eins der ersten Exemplare des »Krull« geschickt hatte mit einer netten Widmung: Dem alt-neuen Freunde Ernst Bertram herzlich zugeeignet. Und Bertram hat sich überhaupt nicht bedankt. Er hat das Buch mißbilligt, er fand es frivol; er wollte nicht abfällig schreiben, da hat er gleich gar nicht geschrieben. Bald darauf starb mein Mann. Da hat mir Bertram kondoliert, und ich schrieb ihm dann zurück:
Sie haben wahrscheinlich den Aufruf des Fischer Verlages gar nicht gelesen, den er in verschiedenen Zeitungen veröffentlicht hat mit der Bitte, Thomas-Mann-Briefe einzusenden, soweit man bereit ist, sie zur Verfügung zu stellen. Falls Sie Briefe besitzen, deren Veröffentlichung Sie zustimmen, wäre es sehr nett, wenn Sie sie an den Verlag schickten. Es war ja wie eine Schicksalsfügung, daß wir Sie so kurz vor meines Mannes Tod noch gesehen haben, und er hat sich darüber sehr gefreut, wie Sie wohl auch. Als wir uns damals trennten, konnte kein Mensch ahnen, daß es das letzte Zusammensein war, und es ist damals ja auch alles sehr harmonisch und hübsch verlaufen; allerdings ist dann für mein Gefühl ein Schatten auf diese Versöhnung gefallen, da Sie es gar nicht fertiggebracht haben, für die Zusendung des »Krull« zu danken, den Sie offenbar mißbilligten, denn Sie haben mit keinem Wort darauf reagiert. Mein Mann hat es nicht übelgenommen, er hat gesagt: Ach Gott, das Buch gefällt ihm nicht, und das

will er halt nicht schreiben, da antwortet er überhaupt nicht. Aber ich muß sagen, mich hat es sehr enttäuscht, es war nicht richtig.
Auch darauf hat Bertram nicht geantwortet. Ich habe nichts mehr von ihm gehört; er ist dann auch ziemlich bald gestorben. Er war vielleicht schon etwas reduziert und greisenhaft, trotzdem dachte ich, er würde sich irgendwie äußern, was er jedoch nicht tat. Früher hatte er Humor besessen bei aller Pedanterie; er war ein richtiger deutscher Gelehrter. Ich glaube jedoch nicht, daß mein Mann bei der Figur des Serenus Zeitblom im »Doktor Faustus« an ihn gedacht hat.

Die alten und gealterten Gesichter nach so langer Zeit, nach dem Krieg. Es war nicht immer erfreulich. Wir kannten Willi Furtwängler doch. Furtwänglers Vater war, als ich Kind war, ein sehr bekannter Archäologe, der an der Münchner Universität lehrte, und meine Eltern kannten die Familie, wie das so war unter Universitätsleuten. Willi Furtwängler war vier Jahre jünger als wir, mein Zwillingsbruder und ich, und wurde von seiner Mutter als Wunderknabe im Hause gehalten. Er wurde auch scheinbar nicht älter, weil er eben »Wunderkind« blieb ... dann wurde er doch erwachsen. Wir sind ihm gelegentlich in München und am Tegernsee begegnet, wo sie eine Besitzung hatten. Willi Furtwängler blieb in Deutschland, in Berlin, als Staatsoperndirektor und Leiter der Philharmoniker, während wir 1933 außer Landes gingen. Als wir im Jahre 1952 zurückkamen, schrieb er meinem Mann einen Brief, es wäre schön, wenn man sich jetzt wiedersähe.

Da hat mein Mann ihm geantwortet, der Wunsch ehrt ihn, freut ihn gewissermaßen, aber es läge doch viel zu viel zwischen ihnen, und er glaube, diese Zusammenkunft werde nicht so ersprießlich sein und vielleicht solle man lieber davon absehen.
Das hat Furtwängler wahnsinnig gekränkt, und bei irgendeinem Anlaß hat er sich dann wie folgt geäußert: Ich bin nicht wie Thomas Mann, daß ich bei jeder Gelegenheit meine Nationalität wie ein Hemd wechsele. Das wurde dann auch noch gedruckt.

Kein Mensch hat gedacht, daß Thomas Mann achtzig würde, und kein Mensch hat überhaupt gedacht, daß er vor allen Dingen bis zu seinem achtzigsten Geburtstag so leistungsfähig sein würde. Er war nervös, empfindlich, neigte leicht zu Depressionen, aber das tun wohl die meisten Künstler. Seine Gesundheit war nie sehr stabil, immer wieder hatte er irgendwas; die schwerste Erkrankung war der Lungenkrebs, aber er erholte sich schnell, und neun Jahre darauf ist er dann an Arteriosklerose gestorben. Anfangs diagnostizierten die Ärzte auf Thrombose, aber diese Venenentzündung im Bein war nur die Sekundär-Erscheinung. Die Lunge hatte ihm in all den ihm verbleibenden Jahren weder Beschwernis noch Ärger gemacht. Es waren doch anderthalb Lappen des rechten Lungenflügels und eine Rippe entfernt worden, und die andere Lunge hat, mit dem Rest der ersten, die ganze Arbeit übernommen. Er hatte nie Atembeschwerden und arrangierte sich auch mit dem Schreiben. Er vertauschte den Schreibtischstuhl, da ihm das Sitzen Schmerzen im Rücken verursachte, mit der Sofaecke, wo er den Arm auf die Lehne stützen

konnte, und festgeklammert auf einer Unterlage hatte er das Papier auf seinem Schoß. Diese Positur behielt er bei bis zuletzt, aber sonst konnte er steigen und tun, was er wollte.
Noch in dem holländischen Badeort Noordwijk aan Zee, wo wir uns in seinem letzten Jahr den Juli über zur Erholung aufhielten, war er gut zu Fuß. Wir gingen jeden Tag am Meer spazieren, das Wetter war ungewöhnlich beständig und schön, und wenn ich sagte: Ich glaube, wir sollten umkehren, es sei an der Zeit, wir entfernten uns zu weit vom Hotel, und es sei auch noch der Heimweg da, an den man denken müsse, sagte er: Ach was, gehen wir doch noch ein bißchen. Und als eines Tages der Lift im Hotel nicht ging, sagte er: Da gehe ich die Treppe eben hinauf.
So war er, fast bis zuletzt.
Das Schiller-Jahr fiel in sein achtzigstes Lebensjahr, er hat die Rede »Versuch über Schiller« geschrieben, die er bei der Feier in Stuttgart halten sollte, und er hat so sehr an ihr gearbeitet, daß sie immer länger und länger wurde, bis sie ihm schließlich auf 120 Maschinenseiten, statt der für die Ansprache vorgesehenen 20 angewachsen war.
Wenn Thomas Mann einen Vortrag vorbereitete, war er immer zu lang. Da war es dann stets Erikas Aufgabe, die nötigen Streichungen und Kürzungen vorzunehmen. Darin war sie Meisterin. Die Schiller-Rede mußte sie auf ein Sechstel kürzen.
Die Veranstaltung in Stuttgart war eindrucksvoll. Das Publikum war sichtlich ergriffen. Es war freilich eine große Anstrengung. Und dann gingen wir doch auch noch nach Lübeck, wo wir eine Woche blieben und Tho-

mas Mann die Ehrenbürgerschaft der Stadt verliehen wurde. Da habe ich überhaupt nicht fassen können, was der Mann alles an einem Tage leistete: Nachmittags was, und abends war eine Premiere im Schauspiel: da sage ich: Du, da gehen wir doch nicht hin?
Aber natürlich gehen wir hin. Es ist doch interessant, das mal zu sehen.
Und an einem der Tage hatte er eine Vorlesung aus eigenen Werken im Stadttheater zu halten, wozu er sich als Einleitung das Vorspiel zum »Lohengrin« bestellte, das er als Knabe da so begeistert gehört hatte; und zum Schluß war auch wieder Musik. Mein Mann hat anderthalb Stunden gelesen, und als ich ihm sagte: Jetzt gehen wir dann? – es war abends – sagt er: Ach nein, jetzt sind wir noch ein bißchen mit den Freunden zusammen, und dann saß er noch bis Mitternacht mit den Leuten.
Ich hätte ihm das gar nicht zugetraut. Es war kurz vor seinem achtzigsten Geburtstag, und er hat sich doch so sehr gefreut über die Ehrenbürgerschaft und die Aussöhnung mit der Stadt, mit dieser Stadt.
Selbst bei diesem für ihn so ausgefüllten und programmreichen Lübeck-Besuch wollte er das Schauspiel im Stadttheater nicht auslassen. Er ging für sein Leben gern ins Theater, ins deutsche Schauspiel. Das hat ihm auch in Amerika gefehlt. Ein Stück hatte er ja selbst geschrieben in seiner Jugend, »Fiorenza«, und Max Reinhardt, den wir schon in Berlin, später in Amerika gut kannten, sagte ihm in Berlin immer: Herr Mann, Sie brauchen bloß irgendeinen Dialog zu schreiben, ich führe es sofort auf, was auch immer! Aber er hat sich nie entschlossen. Ganz zuletzt wollte er noch ein Stück

schreiben, »Luthers Hochzeit«, aber er hatte nur das Material gesammelt, und es war noch keine Zeile geschrieben bei seinem Tod.

Sein Gebiet war der Roman, war die Prosa; das Gefühl, ein letzter deutscher großer Erzähler zu sein, hatte er wohl. Daß das bürgerliche Zeitalter vorbei war und daß etwas anderes kommen sollte und wird, darüber war er sich klar. Aber er gehörte noch dieser Epoche an, wenn er auch geneigt war, ihre Schwächen zu parodieren.

Über die Nachwirkung seines Werkes war er sich gar nicht sehr sicher. Er hat immer gesagt: das kann kein Mensch vorauswissen. Aber jetzt ist er fünfzehn Jahre tot und das Werk ist doch noch lebendig. Er hat stets mit außerordentlichem Wohlwollen von den Dingen gesprochen, die wahrscheinlich kommen würden, ohne daß sie im einzelnen zu sehen waren. Er hat eigentlich ohne jeden Abschiedsschmerz vom bürgerlichen Zeitalter gesprochen. Sicherlich hat es das eine oder andere gegeben, dessen Verlust er bedauert haben würde, wenn er ihn miterlebt hätte. Er betrachtete sich persönlich als einen Letzten einer großen Epoche.

Einwürfe von außen:

E. M.: Der Zauberer ist ja nun schon lange tot, und dennoch spannt sich die Brücke weiter, denn – das ist sehr wichtig für uns – die Tatsache, daß unsere Mutter lebt und genauso unter uns lebt, ebenso lebendig und frisch, wie sie das immer war, daß sie ihren ganzen Humor und ihre ganze Schnurrigkeit, »hochverschnurrt« ist ein Wort von Thomas Mann – ihre ganze

Schnurrigkeit beibehalten hat, ihre ganze Aktivität, daß sie heute das Haus nicht nur führt, sondern dominiert – sie ist wirklich die Herrin des Hauses –: diese Tatsache allein sorgt für eine Kontinuität, die natürlich nicht bestehen könnte, wenn *sie* nicht mehr wäre, und wenn wir alle mehr oder weniger auseinander gegangen wären. Wir finden uns ja zusammen zu Familienfesten, zu Weihnachten, zu höheren Geburtstagen, die werden nun immer höher bei uns allen, und das schafft eine starke, ungebrochene Kontinuität.

G. M.: Wir haben unsere Mutter schon beredet, etwas mehr an die Öffentlichkeit zu treten, das haben wir schon gelegentlich versucht, aber sie hat sich immer geweigert. Es war ein Scherz unter uns, daß sie mal eine Rede über Tolstoi halten sollte, ich meine, das war ein Scherz, der ausdrücken sollte, was wir wünschten. Unser Gefühl war immer, daß sie ihr Licht ein wenig zu sehr unter den Scheffel stellte, und eben völlig in ihren Aufgaben, in ihren vielfachen Pflichten aufging. Aber?

K. M.: Ich wollte nur sagen: ich habe in meinem Leben nie tun können, was ich hätte tun wollen.

G. M.: Nein, aber nach unseres Vaters Tod hättest du ja ein wenig mehr hervortreten können, etwa deine Erinnerungen schreiben oder dergleichen.

K. M.: Aber ich wollte es nicht tun.

G. M.: Es gibt ein Buch eines französischen Politikers de Moncy, das heißt »*Les Veuves Abusives*« – Die mißbrauchtreibenden Witwen – und sie hat nie eine mißbrauchtreibende Witwe sein wollen, aber ein bißchen gar zu wenig hat sie's sein wollen, meiner Meinung nach.

K. M.: Psst! Der alte Fontane hat gesagt: Solange man lebt, muß man leben, und das versuche ich jetzt halt auf meine Art.

Bildnachweis

Die im Buch wiedergegebenen Photographien stammen aus dem Thomas Mann-Archiv der Eidgenössischen Technischen Hochschule zu Zürich und aus Familienbesitz. Den Besuch in Proseč nahm Erich Auerbach auf. – Umschlag: Das Kinderportrait von Franz von Lenbach im Haus Thomas Mann, Kilchberg am Zürichsee – photographiert von Jakob Bräm (Conzett & Huber); photographisches Portrait aus dem Jahr 1974 von Jakob Bräm.

Register